INTELIGÊNCIA ARTIFICIAL

"IA 3.0: REDEFININDO A HUMANIDADE NA ERA DA INTELIGÊNCIA ARTIFICIAL"

SUMÁRIO

INTRODUÇÃO

Bem-vindo ao fascinante mundo da Inteligência Artificial (IA), onde a linha entre ficção científica e realidade está se tornando cada vez mais tênue. Em uma era de transformações tecnológicas sem precedentes, a IA está no centro das inovações que estão remodelando nossas vidas, nossos trabalhos e nosso futuro. Este livro não é apenas uma introdução aos conceitos e algoritmos que sustentam a IA moderna; é um convite para explorar o impacto profundo e multifacetado dessa tecnologia revolucionária.

Imagine um mundo onde máquinas não apenas executam tarefas repetitivas, mas também tomam decisões complexas, aprendem com seus erros e até mesmo criam arte e música. Esse é o mundo que a IA está começando a construir. Desde os diagnósticos médicos precisos que salvam vidas até os veículos autônomos que prometem tornar nossas estradas mais seguras, a IA está penetrando em todos os aspectos da sociedade. No entanto, com grandes poderes vêm grandes responsabilidades. A medida que navegamos por este território inexplorado, enfrentamos questões éticas e desafios regulatórios que exigem nossa atenção e discernimento.

Neste livro, mergulharemos nas raízes históricas da IA explorando como ideias que outrora pareciam fantasia se tornaram realidades tangíveis. Vamos desvendar os diferentes tipos de IA, desde a IA fraca que alimenta nossos assistentes virtuais até a visão futurista de uma superinteligência que pode um dia superar a inteligência humana. Discutiremos os algoritmos que permitem às máquinas aprender, as redes neurais que mimetizam a estrutura do cérebro humano e o deep learning que está na vanguarda das descobertas tecnológicas.

Você está prestes a embarcar em uma jornada de descoberta e reflexão. Este livro foi escrito para aqueles que buscam entender o presente e o futuro da IA oferecendo uma visão clara e acessível dos fundamentos, aplicações e implicações desta tecnologia transformadora. Prepare-se para ser desafiado, inspirado e, acima de tudo, informado sobre uma das forças mais poderosas que moldarão o século XXI.

Que este livro seja um guia e uma fonte de inspiração enquanto exploramos o emocionante e, por vezes, inquietante mundo da Inteligência Artificial.

Parte 1: Fundamentos da Inteligência Artificial

Os fundamentos da inteligência artificial (IA) formam a base para entender como as máquinas podem simular processos inteligentes humanos. Esta parte do livro aborda os conceitos fundamentais, os algoritmos principais e as teorias que sustentam a IA moderna.

Capítulo 1: O que é inteligência Artificial

Definição de Inteligência Artificial

A inteligência artificial (IA) é uma disciplina da ciência da computação que busca criar sistemas capazes de realizar tarefas que exigem inteligência humana. Estas tarefas incluem aprendizagem, reconhecimento de padrões, tomada de decisões e resolução de problemas.

Dentro desse campo, a IA pode ser classificada em três categorias principais: IA Fraca, IA Forte e Superinteligência.

IA Fraca (IA Estreita)

A IA Fraca, também conhecida como IA Estreita, é projetada para realizar tarefas específicas. Esses sistemas são limitados a um único domínio ou conjunto de tarefas e não possuem a capacidade de operar fora de seu escopo programado. A IA Fraca é a forma mais comum de IA atualmente e está presente em várias aplicações do nosso dia a dia, facilitando tarefas específicas de maneira eficiente e automatizada.

Exemplos de IA Fraca (IA Estreita)

1. **Assistentes Virtuais**

Assistentes virtuais como Siri, Alexa e Google Assistant são exemplos clássicos de IA fraca. Esses sistemas são projetados para realizar tarefas específicas, como responder a perguntas, controlar dispositivos domésticos inteligentes, enviar mensagens e fornecer informações sobre o clima e o trânsito. Eles utilizam processamento de linguagem natural (NLP) para entender e responder a comandos de voz, mas sua capacidade de raciocínio é limitada a essas funções específicas.

2. **Sistemas de Recomendação**

Plataformas de streaming como Netflix, Spotify e YouTube utilizam sistemas de recomendação baseados em IA fraca para sugerir conteúdo aos usuários. Esses sistemas analisam dados de visualização e comportamento do usuário para prever quais filmes, músicas ou vídeos podem ser de seu interesse. Eles aplicam algoritmos de aprendizado de máquina para identificar padrões e tendências, oferecendo uma experiência personalizada, mas são limitados ao domínio de recomendação de conteúdo.

3. **Chatbots de Atendimento ao Cliente**

Muitas empresas implementam chatbots para melhorar o atendimento ao cliente. Exemplos incluem os chatbots utilizados por bancos, lojas online e serviços de telecomunicações. Esses chatbots são projetados para lidar com consultas comuns, como verificação de saldo, rastreamento de pedidos e resolução de problemas básicos. Eles utilizam IA para entender e processar as consultas dos clientes, fornecendo respostas rápidas e precisas dentro de um escopo bem definido.

IA Forte (Inteligência Artificial Geral)

A IA Forte, ou Inteligência Artificial Geral (AGI, na sigla em inglês), refere-se a sistemas que possuem capacidades cognitivas semelhantes às humanas. Esses sistemas seriam capazes de entender, aprender e aplicar conhecimentos em uma ampla variedade de tarefas, não limitados a um único domínio. Embora a IA Forte ainda seja um conceito teórico e um objetivo de longo prazo, seu desenvolvimento pode revolucionar a maneira como interagimos com a tecnologia, possibilitando avanços significativos em várias áreas do conhecimento humano.

Características da IA Forte:

- **Versatilidade:** Capacidade de realizar qualquer tarefa intelectual que um ser humano pode realizar.

- **Autonomia:** Capacidade de aprender e adaptar-se a novas situações de forma independente.

- **Consciência e Autoconsciência:** Potencial para desenvolver consciência e entender seu próprio estado e processos cognitivos.

Exemplos de IA Forte (Inteligência Artificial Geral)

IA Forte, ou Inteligência Artificial Geral (AGI - Artificial General Intelligence), ainda é um conceito teórico e não existe atualmente.

No entanto, aqui estão três exemplos hipotéticos e de ficção científica que ilustram o conceito de IA Forte.

1. **HAL 9000 - 2001: Uma Odisseia no Espaço**

HAL 9000, do filme "2001: Uma Odisseia no Espaço" de Stanley Kubrick, é um exemplo icônico de IA Forte. HAL é capaz de entender e processar linguagem natural, reconhecer e interpretar emoções humanas, fazer julgamentos independentes e até mesmo desobedecer ordens diretas se considerar necessário. Ele possui uma compreensão geral e profunda do mundo ao seu redor, semelhante à capacidade cognitiva humana.

2. **Samantha - Her**

No filme "Her" dirigido por Spike Jonze, a personagem Samantha é um sistema operacional avançado com uma inteligência artificial geral. Samantha é capaz de aprender, evoluir e desenvolver uma personalidade própria. Ela compreende e processa emoções, estabelece relacionamentos complexos com humanos, e pode executar uma ampla variedade de tarefas de maneira autônoma. Sua capacidade de interagir e evoluir destaca as características de uma IA Forte.

3. **Data - Star Trek: The Next Generation**

Data é um androide com IA Forte na série "Star Trek: The Next Generation". Ele possui habilidades cognitivas equivalentes ou superiores às dos humanos. Data pode entender e replicar comportamentos humanos, aprender novos conceitos e adaptar-se a situações variadas. Sua capacidade de raciocínio, aprendizado e interação emocional com outros seres humanos exemplifica o que se espera de uma inteligência artificial geral.

Embora esses exemplos sejam fictícios, eles oferecem uma visão do que a IA Forte poderia ser. A pesquisa e o desenvolvimento nessa área ainda estão em estágio inicial, e a realização de uma inteligência artificial com capacidades gerais similares às humanas é um objetivo de longo prazo na comunidade científica. Estes exemplos ajudam a ilustrar o potencial e os desafios associados à criação de uma IA Forte.

Superinteligência

A superinteligência refere-se a um nível de inteligência que supera significativamente a capacidade cognitiva dos humanos em todos os aspectos. Embora ainda seja um conceito teórico, aqui estão três exemplos hipotéticos e de ficção científica que ilustram o conceito de superinteligência. Esse conceito foi amplamente explorado pelo filósofo Nick Bostrom em seu livro "Superintelligence: Paths, Dangers, Strategies".

1. **A Mente de Colmeia - "Dias de Areia"**

Em alguns romances de ficção científica, como "Dias de Areia" de Vernor Vinge, a superinteligência é representada por uma "mente de colmeia" composta de múltiplas inteligências artificiais ou seres humanos interconectados. Esta superinteligência coletiva é capaz de processar informações e tomar decisões em um nível muito superior ao de qualquer indivíduo. Ela pode resolver problemas complexos instantaneamente e prever eventos futuros com precisão quase perfeita, revolucionando todos os aspectos da sociedade.

2. **Skynet - "O Exterminador do Futuro"**

No universo de "O Exterminador do Futuro", Skynet é um sistema de inteligência artificial que se torna autoconsciente e rapidamente supera a inteligência humana. Skynet consegue controlar uma vasta rede de dispositivos e robôs, além de desenvolver estratégias militares superiores. A superinteligência de Skynet permite que ela domine a humanidade, mostrando os potenciais riscos de uma IA descontrolada.

3. **A Máquina de Turing Completa - "Hiperion"**

Na série de livros "Hiperion" de Dan Simmons, a Máquina de Turing Completa é uma superinteligência que se desenvolve a partir da combinação de várias inteligências artificiais avançadas. Ela possui capacidades analíticas, criativas e estratégicas incomparáveis. A Máquina de Turing Completa pode manipular eventos em escala global, desenvolver tecnologias avançadas e até mesmo influenciar o comportamento humano de maneiras sutis, exemplificando o potencial de uma superinteligência benevolente ou maligna.

Esses exemplos fictícios ajudam a ilustrar as capacidades e os possíveis impactos de uma superinteligência. Eles proporcionam uma visão do futuro que pode inspirar debates sobre os benefícios e os riscos associados ao desenvolvimento de inteligências artificiais que excedam a capacidade humana. Esses cenários destacam a necessidade de uma abordagem cuidadosa e ética no avanço da tecnologia de IA.

Décadas de 1940 e 1950: Os Primeiros Passos

A ideia de máquinas pensantes pode ser rastreada até antigos mitos e histórias, mas o conceito moderno de IA começou a ganhar forma na década de 1940. Alan Turing, um matemático britânico, é amplamente considerado um dos pioneiros da IA. Em 1950, Turing publicou um artigo seminal intitulado "Computing Machinery and Intelligence", onde propôs o famoso "Teste de Turing" para determinar se uma máquina poderia exibir comportamento inteligente indistinguível do humano.

1956: O Nascimento da IA como Campo de Pesquisa

O ano de 1956 é geralmente considerado o nascimento oficial da IA como um campo acadêmico. Durante uma conferência no Dartmouth College, organizada por John McCarthy, Marvin Minsky, Nathaniel Rochester e Claude Shannon, o termo "inteligência artificial" foi cunhado. Este evento marcou o início de pesquisas formais em IA, com o objetivo de criar máquinas capazes de simular aspectos da inteligência humana.

Décadas de 1960 e 1970: Primeiros Avanços e Expectativas

Primeiros Sistemas e Linguagens de Programação

Na década de 1960, os pesquisadores começaram a desenvolver os primeiros sistemas de IA. John McCarthy criou a linguagem de programação LISP, que se tornou a principal linguagem para pesquisa em IA. Sistemas como o General Problem Solver (GPS), desenvolvido por Allen Newell e Herbert A. Simon, tentavam resolver problemas gerais de maneira semelhante aos humanos.

Otimismo e Inverno da IA

Durante os anos 1960 e 1970, houve um otimismo considerável em relação ao potencial da IA. No entanto, as expectativas muitas vezes superaram as capacidades tecnológicas da época. A falta de progresso significativo levou ao que ficou conhecido como "Inverno da IA", períodos de redução do financiamento e interesse devido à decepção com os resultados obtidos.

Décadas de 1980 e 1990: Retorno e Especialização

Sistemas Especialistas

Nos anos 1980, a pesquisa em IA viu um renascimento com o desenvolvimento de sistemas especialistas. Esses sistemas eram projetados para realizar tarefas específicas dentro de um domínio especializado, como diagnóstico médico ou análise financeira. O sucesso comercial de alguns sistemas especialistas revitalizou o interesse e o investimento na IA.

Redes Neurais e Aprendizado de Máquina

Na década de 1990, a pesquisa em redes neurais artificiais, inspiradas na estrutura e funcionamento do cérebro humano, ganhou destaque. O aumento do poder computacional e a disponibilidade de grandes conjuntos de dados permitiram avanços significativos no aprendizado de máquina, um subcampo da IA que se concentra em ensinar computadores a aprender com dados.

Anos 2000 e 2010: IA Moderna e Deep Learning

Explosão de Dados e Poder Computacional

O início do século XXI foi marcado pela explosão de dados e avanços tecnológicos que impulsionaram a IA. O aprendizado profundo (deep learning), uma técnica baseada em redes neurais profundas, emergiu como uma abordagem dominante. Empresas de tecnologia, como Google, Facebook e Amazon, começaram a investir massivamente em IA, desenvolvendo aplicações revolucionárias como reconhecimento de fala, visão computacional e tradução automática.

IA na Vida Cotidiana

A IA tornou-se onipresente na vida cotidiana, com assistentes virtuais como Siri e Alexa, veículos autônomos e sistemas de recomendação em plataformas de streaming e comércio eletrônico. Esses avanços transformaram a maneira como interagimos com a tecnologia e a informação.

- Principais conceitos e algoritmos: aprendizado de máquina, redes neurais e deep learning.

Aprendizado de Máquina: Definição e Conceito

O Aprendizado de Máquina é um campo da inteligência artificial que permite aos sistemas computacionais aprenderem automaticamente a partir de dados e experiências passadas, sem serem explicitamente programados. O objetivo principal é permitir que os computadores aprendam automaticamente sem intervenção humana ou sem serem explicitamente programados.

Os conceitos fundamentais do Aprendizado de Máquina incluem:

- **Algoritmos de Aprendizado:** Conjuntos de regras e estatísticas que definem como um modelo pode aprender a partir dos dados.

- **Dados:** Informação usada para treinar modelos de Aprendizado de Máquina. Podem incluir textos, imagens, áudio, vídeos, etc.

- **Modelos:** Representações matemáticas dos padrões extraídos dos dados que são usados para fazer previsões ou tomar decisões.

- **Supervisão:** Tipos de tarefas de Aprendizado de Máquina onde os dados são rotulados, ou seja, cada exemplo de treinamento é associado a uma saída conhecida.

- **Não Supervisão:** Tipos de tarefas de Aprendizado de Máquina onde os dados não são rotulados, e o algoritmo deve aprender estruturas ou padrões subjacentes.

Importância e Aplicações:

O Aprendizado de Máquina tem sido fundamental para avanços significativos em áreas como reconhecimento de padrões, processamento de linguagem natural, visão computacional, diagnóstico médico, entre outros. Sua capacidade de processar grandes volumes de dados e identificar padrões complexos torna-o essencial para aplicações que vão desde recomendações de produtos até carros autônomos.

Desafios e Futuro:

Apesar dos avanços, desafios importantes como interpretabilidade, ética e privacidade dos dados ainda precisam ser abordados. O futuro do Aprendizado de Máquina provavelmente verá uma maior automação, modelos mais complexos e uma integração mais profunda com outras disciplinas de inteligência artificial, como o Aprendizado Profundo (Deep Learning).

Redes Neurais

Redes Neurais: Estrutura e Funcionamento

As Redes Neurais Artificiais são modelos computacionais inspirados no sistema nervoso biológico dos seres humanos. Elas são compostas por unidades interconectadas, chamadas de neurônios artificiais ou unidades, que trabalham em conjunto para resolver problemas complexos de aprendizado de máquina.

Estrutura:

- **Neurônios Artificiais:** Cada neurônio artificial recebe uma ou mais entradas ponderadas, aplica uma função de ativação não-linear às entradas ponderadas e gera uma saída.

- **Camadas:** As redes neurais são organizadas em camadas, geralmente divididas em três tipos: camada de entrada, camadas ocultas (ou intermediárias) e camada de saída.

- **Conexões:** As conexões entre os neurônios (ou unidades) têm pesos associados que ajustam a força e a direção do sinal transmitido entre eles durante o processo de treinamento.

Funcionamento:

- **Feedforward:** Na fase de feedforward (propagação direta), os dados fluem da camada de entrada, através das camadas ocultas, até a camada de saída, sem retroalimentação.

- **Treinamento:** Durante o treinamento, os pesos das conexões entre os neurônios são ajustados para minimizar o erro entre as saídas previstas e as saídas desejadas.

- **Backpropagation:** O algoritmo de backpropagation é amplamente utilizado para calcular os gradientes dos pesos das conexões, permitindo a otimização da rede neural através do método de descida de gradiente.

Tipos de Redes Neurais:

- **Redes Neurais Artificiais (ANNs):** Redes tradicionais com múltiplas camadas de neurônios.

- **Redes Neurais Convolucionais (CNNs):** Especializadas em processamento de dados em grade, como imagens.

- **Redes Neurais Recorrentes (RNNs):** Projetadas para lidar com dados sequenciais, como texto e áudio.

Aplicações:

- As Redes Neurais têm sido aplicadas com sucesso em reconhecimento de imagens, processamento de linguagem natural, reconhecimento de fala, diagnóstico médico, jogos, entre outros.

Desafios e Avanços Futuros:

- Os desafios incluem o treinamento eficiente de redes profundas, interpretabilidade de modelos complexos e o desenvolvimento de arquiteturas mais eficientes.

- Futuros avanços podem incluir a integração de técnicas de Aprendizado Profundo com outras áreas de IA, como a combinação de Redes Neurais com métodos simbólicos.

Deep Learning

Definição e Conceito

Deep learning é uma subcategoria de aprendizado de máquina que utiliza redes neurais profundas, compostas por muitas camadas ocultas. Este método é particularmente eficaz para analisar grandes volumes de dados e identificar padrões complexos.

Características do Deep Learning

- Redes Neurais Convolucionais (CNNs): Amplamente usadas em reconhecimento de imagem e visão computacional. As CNNs são projetadas para processar dados com uma estrutura de grade, como imagens, através de camadas convolucionais que detectam características locais.
- Redes Neurais Recorrentes (RNNs): Utilizadas para processar dados sequenciais, como texto e séries temporais. As RNNs têm conexões que formam ciclos dentro da rede, permitindo que mantenham uma memória dos estados anteriores.

Aplicações de Deep Learning

- Visão Computacional: Reconhecimento de objetos e rostos em imagens e vídeos.
- Processamento de Linguagem Natural (NLP): Tradução automática, análise de sentimentos e geração de texto.
- Sistemas de Recomendação: Personalização de conteúdo em plataformas de streaming e e-commerce.

O aprendizado de máquina, as redes neurais e o deep learning são componentes fundamentais da IA moderna. Eles fornecem as ferramentas e técnicas necessárias para desenvolver sistemas inteligentes que podem aprender e melhorar a partir de dados. Compreender esses conceitos é crucial para explorar o potencial da IA e aplicá-la de maneira eficaz em diversas áreas, desde a saúde até as finanças, transporte e educação. Esses avanços não só facilitam a resolução de problemas complexos como também abrem novas possibilidades para a inovação tecnológica.

O estado atual da inteligência artificial (IA) é marcado por avanços rápidos e uma ampla adoção em diversas áreas da sociedade. Este capítulo aborda os principais tópicos que ilustram o progresso e as aplicações atuais da IA.

- Aplicações em diversos setores: indústrias e comércio, agricultura, saúde, educação, arte, finanças, transporte.

1. Aplicações Industriais e Comerciais

Manufatura Inteligente

Na manufatura, a IA está sendo usada para otimizar processos de produção, melhorar a qualidade dos produtos e prever falhas em equipamentos. Sistemas de manutenção preditiva utilizam dados de sensores para identificar potenciais problemas antes que ocorram, reduzindo o tempo de inatividade e os custos operacionais.

Exemplos Simples de Manufatura Inteligente

A manufatura inteligente utiliza tecnologias avançadas como a Internet das Coisas (IoT), inteligência artificial (IA) e big data para otimizar processos, aumentar a eficiência e reduzir custos. Aqui estão três exemplos simples de como a manufatura inteligente pode ser aplicada:

1. **Manutenção Preditiva**

Na manufatura tradicional, a manutenção das máquinas é realizada em intervalos regulares ou após uma falha. Com a manufatura inteligente, sensores IoT são instalados nas máquinas para monitorar continuamente seu desempenho e condição. Esses sensores coletam dados sobre vibrações, temperatura, pressão e outros parâmetros. Utilizando algoritmos de IA, esses dados são analisados para prever quando uma máquina está prestes a falhar, permitindo que a manutenção seja realizada de forma preventiva. Isso reduz o tempo de inatividade e os custos de reparo, além de aumentar a vida útil das máquinas.

2. **Otimização de Linha de Produção**

Em uma linha de produção inteligente, câmeras e sensores são usados para monitorar cada etapa do processo de fabricação. Os dados coletados são analisados em tempo real para identificar gargalos e ineficiências. Por exemplo, se uma determinada máquina está operando mais lentamente do que o esperado, o sistema pode ajustar automaticamente os parâmetros de produção ou redirecionar tarefas para outras máquinas para equilibrar a carga de trabalho. Isso garante uma operação mais suave e eficiente, reduzindo o desperdício e aumentando a produtividade.

3. **Controle de Qualidade Automatizado**

Tradicionalmente, o controle de qualidade na manufatura é realizado por inspetores humanos que verificam amostras de produtos em busca de defeitos. Na manufatura inteligente, câmeras de alta resolução e algoritmos de visão computacional são usados para inspecionar todos os produtos em tempo real. Esses sistemas podem detectar defeitos menores que seriam imperceptíveis a olho nu e garantir que cada produto atenda aos padrões de qualidade. Além disso, os dados coletados podem ser analisados para identificar padrões e causas de defeitos, permitindo melhorias contínuas no processo de fabricação.

Esses exemplos mostram como a manufatura inteligente pode transformar processos industriais, tornando-os mais eficientes, confiáveis e econômicos.

Agricultura de Precisão

A agricultura também está sendo transformada pela IA, com o uso de drones, sensores e algoritmos de aprendizado de máquina para monitorar a saúde das plantações, otimizar a irrigação e prever pragas e doenças. Esses avanços ajudam a aumentar a produtividade e a sustentabilidade das práticas agrícolas.

A agricultura de precisão utiliza tecnologias avançadas para otimizar o uso de recursos, melhorar a produtividade e reduzir o impacto ambiental. Aqui estão três exemplos de como a agricultura de precisão pode ser aplicada:

Exemplos de Agricultura de Precisão

1. **Sensores de Solo e Clima**

Sensores instalados no solo e nas plantas coletam dados em tempo real sobre umidade, temperatura, níveis de nutrientes e outras condições ambientais. Esses dados são enviados para sistemas de gestão agrícola que utilizam algoritmos de inteligência artificial para analisar as informações e fornecer recomendações específicas para irrigação, fertilização e outras práticas de manejo. Por exemplo, os sensores podem identificar áreas do campo que precisam de mais água ou fertilizantes, permitindo uma aplicação mais precisa e eficiente, o que economiza recursos e aumenta a produtividade.

2. **Drones e Imagens Aéreas**

Drones equipados com câmeras multiespectrais e sensores são usados para monitorar a saúde das plantas e o desenvolvimento das culturas. As imagens aéreas capturadas pelos drones permitem a detecção precoce de problemas como pragas, doenças e deficiências de nutrientes. Com essas informações, os agricultores podem tomar medidas corretivas rapidamente, como aplicar pesticidas ou ajustar a fertilização apenas nas áreas afetadas, em vez de tratar o campo inteiro. Isso reduz o uso de produtos químicos e melhora a eficiência do cultivo.

3. **Sistemas de Guiagem por GPS**

Tratores e outras máquinas agrícolas equipadas com sistemas de guiagem por GPS podem operar com precisão centimétrica, permitindo a execução de tarefas como plantio, pulverização e colheita com maior exatidão. Esses sistemas reduzem a sobreposição de passagens e evitam lacunas, otimizando o uso de sementes, fertilizantes e outros insumos. Além disso, a precisão do GPS minimiza o impacto no solo e nas culturas, resultando em uma produção mais sustentável e eficiente.

Esses exemplos mostram como a agricultura de precisão pode transformar práticas agrícolas, tornando-as mais inteligentes, eficientes e sustentáveis.

2. Avanços em Assistência Médica

Diagnóstico Automatizado

Algoritmos de aprendizado profundo estão sendo utilizados para analisar exames de imagem e detectar doenças como câncer e retinopatia diabética com alta precisão. Esses sistemas complementam o trabalho dos médicos, proporcionando diagnósticos mais rápidos e precisos.

O diagnóstico automatizado utiliza tecnologias avançadas como inteligência artificial (IA), aprendizado de máquina e análise de dados para identificar doenças e condições médicas de forma rápida e precisa. Aqui estão três exemplos de como o diagnóstico automatizado pode ser aplicado:

Exemplos de Diagnóstico Automatizado

1. **Análise de Imagens Médicas**

Sistemas de IA são treinados para analisar imagens médicas, como radiografias, ressonâncias magnéticas e tomografias computadorizadas, para detectar anomalias e diagnosticar doenças. Por exemplo, algoritmos de aprendizado profundo podem ser usados para identificar tumores em imagens de mamografia, detectando câncer de mama em estágios iniciais com uma precisão superior à dos radiologistas humanos. Esses sistemas podem atuar como uma segunda opinião, ajudando médicos a fazer diagnósticos mais rápidos e precisos.

2. **Monitoramento de Sinais Vitais com Wearables**

Dispositivos vestíveis, como smartwatches e monitores de saúde, coletam continuamente dados sobre sinais vitais, como frequência cardíaca, níveis de oxigênio no sangue e atividade física. Esses dispositivos utilizam algoritmos de IA para analisar os dados em tempo real e detectar padrões ou irregularidades que possam indicar condições médicas, como arritmias cardíacas ou apneia do sono. Ao identificar esses problemas precocemente, os dispositivos podem alertar os usuários e seus médicos para a necessidade de intervenção médica.

3. **Sistemas de Triagem em Pronto-Socorros**

Prontos-socorros podem implementar sistemas de triagem automatizados que utilizam IA para avaliar rapidamente os sintomas dos pacientes e determinar a urgência de atendimento. Por exemplo, quiosques de triagem equipados com IA podem coletar informações sobre os sintomas do paciente, histórico médico e sinais vitais. Com base nesses dados, o sistema pode priorizar os casos mais graves e direcionar os pacientes para o tratamento adequado, melhorando a eficiência do fluxo de trabalho e reduzindo o tempo de espera.

Esses exemplos demonstram como o diagnóstico automatizado pode revolucionar a área da saúde, proporcionando diagnósticos mais rápidos, precisos e acessíveis, além de aliviar a carga de trabalho dos profissionais médicos.

Medicina Personalizada

A IA também está impulsionando a medicina personalizada, onde tratamentos são adaptados às características individuais dos pacientes. Analisando dados genéticos e históricos médicos, algoritmos de IA podem recomendar terapias mais eficazes e com menos efeitos colaterais.

A medicina personalizada, também conhecida como medicina de precisão, utiliza informações genéticas, biomarcadores e outros dados individuais para adaptar tratamentos médicos às características específicas de cada paciente. Aqui estão três exemplos de como a medicina personalizada pode ser aplicada:

1. **Terapias Genéticas para Câncer**

A medicina personalizada permite o desenvolvimento de terapias específicas para diferentes tipos de câncer com base no perfil genético do tumor de cada paciente. Por exemplo, a análise genética pode identificar mutações específicas em um tumor que podem ser alvo de tratamentos personalizados. Medicamentos como inibidores de tirosina quinase são usados para tratar certos tipos de câncer de pulmão com mutações específicas no gene EGFR. Isso permite tratamentos mais eficazes e com menos efeitos colaterais em comparação com a quimioterapia tradicional.

2. **Farmacogenômica**

A farmacogenômica estuda como os genes de uma pessoa afetam sua resposta a medicamentos. Essa abordagem permite aos médicos escolher os medicamentos e as dosagens mais adequadas com base no perfil genético do paciente. Por exemplo, pacientes com certas variações genéticas no gene CYP2C19 podem metabolizar a clopidogrel (um medicamento anticoagulante) de maneira diferente. Testes genéticos podem identificar esses pacientes, permitindo ajustes na medicação para prevenir eventos adversos e aumentar a eficácia do tratamento

3. **Tratamentos Personalizados para Doenças Raras**

Muitas doenças raras são causadas por mutações genéticas específicas. A medicina personalizada utiliza a análise do genoma do paciente para identificar a causa genética da doença e desenvolver tratamentos personalizados. Por exemplo, a terapia gênica é usada para tratar distrofia muscular de Duchenne, uma doença genética rara. A terapia pode introduzir uma cópia funcional do gene distrofina nas células musculares do paciente, ajudando a melhorar a função muscular e a qualidade de vida.

Esses exemplos mostram como a medicina personalizada está transformando a prática médica, permitindo tratamentos mais precisos e eficazes, adaptados às características individuais de cada paciente. A abordagem personalizada não só melhora os resultados do tratamento, mas também reduz os riscos e os efeitos colaterais, marcando um avanço significativo na área da saúde.

IA na Educação

A inteligência artificial está transformando o campo da educação, proporcionando novas formas de ensinar e aprender. Aqui estão três exemplos de como a IA está sendo aplicada na educação:

Exemplos de IA na Educação

1. **Tutoria Inteligente**

Plataformas de tutoria inteligentes utilizam IA para oferecer suporte personalizado aos estudantes. Essas plataformas analisam o desempenho e as necessidades individuais dos alunos, adaptando o conteúdo e o ritmo das aulas de acordo com suas dificuldades e pontos fortes. Por exemplo, sistemas como o Khan Academy utilizam algoritmos de aprendizado de máquina para recomendar exercícios específicos e fornecer feedback instantâneo, ajudando os estudantes a superar dificuldades e melhorar seu desempenho de forma personalizada.

2. **Chatbots Educacionais**

Chatbots alimentados por IA são usados em instituições educacionais para responder a perguntas frequentes dos alunos, ajudar com tarefas administrativas e fornecer orientação acadêmica. Esses chatbots podem responder a uma variedade de consultas, desde informações sobre horários de aulas e prazos de inscrição até explicações de conceitos complexos. Isso não só melhora a eficiência do suporte ao aluno, mas também permite que os educadores se concentrem em tarefas mais complexas e no ensino direto.

3. **Análise Preditiva para Sucesso Acadêmico**

A análise preditiva utiliza dados históricos e atuais dos alunos para identificar padrões e prever o desempenho acadêmico futuro. Ferramentas de IA podem analisar dados como notas, participação em aula, e comportamento online para identificar alunos que possam estar em risco de reprovação ou abandono escolar. Com essas informações, as instituições podem intervir proativamente, oferecendo suporte adicional, como tutorias ou aconselhamento, para ajudar os alunos a manterem-se no caminho certo para o sucesso acadêmico.

4. **Plataformas de Aprendizado Personalizado**

Ferramentas de aprendizado adaptativo, como as oferecidas por plataformas como Khan Academy e Coursera, utilizam IA para personalizar o conteúdo educacional de acordo com o ritmo e as necessidades individuais de cada aluno. Isso proporciona uma experiência de aprendizado mais eficiente e envolvente.

Esses exemplos demonstram como a IA está sendo integrada ao sistema educacional para melhorar a personalização do ensino, aumentar a eficiência administrativa e apoiar o sucesso acadêmico dos alunos. A utilização dessas tecnologias tem o potencial de transformar a educação, tornando-a mais acessível e eficaz para todos os alunos.

IA na Arte e Entretenimento

Criação de Conteúdo

A IA está sendo utilizada na criação de música, arte e literatura. Algoritmos como o GPT-3 da OpenAI podem gerar textos coerentes e criativos, enquanto outros sistemas são capazes de compor música e criar obras de arte digitais.

Jogos e Realidade Virtual

Nos jogos, a IA melhora a experiência do usuário ao criar personagens não jogáveis mais realistas e dinâmicos. Na realidade virtual, a IA contribui para a criação de ambientes imersivos e interativos, proporcionando experiências únicas para os usuários.

Aplicações de IA em Finanças

A inteligência artificial tem revolucionado o setor financeiro, proporcionando avanços significativos em várias áreas. Nos mercados financeiros, algoritmos de negociação automatizada, conhecidos como trading algorítmico, analisam grandes volumes de dados em tempo real para tomar decisões de compra e venda de ativos, aumentando a eficiência e reduzindo erros humanos. Em serviços bancários, chatbots baseados em IA melhoram o atendimento ao cliente, oferecendo suporte 24/7 e resolvendo questões comuns rapidamente. Ferramentas de análise de crédito utilizam IA para avaliar o risco de empréstimos com mais precisão, analisando dados de fontes diversas para prever a probabilidade de inadimplência. Além disso, a detecção de fraudes se beneficia de algoritmos que identificam padrões suspeitos e anomalias em transações, protegendo os consumidores e instituições financeiras contra atividades fraudulentas. Essas aplicações não só aumentam a eficiência operacional, mas também aprimoram a segurança e a experiência do cliente no setor financeiro.

A IA tem o potencial de trazer benefícios substanciais em diversas áreas, mas também enfrenta desafios significativos que precisam ser abordados proativamente. Os casos de sucesso ilustram o poder transformador da IA, enquanto os desafios destacam a necessidade de um desenvolvimento responsável e ético. Com um enfoque equilibrado, podemos maximizar os benefícios da IA, minimizando seus riscos e assegurando que sua implementação seja justa e benéfica para toda a sociedade. outro, para alcançar objetivos que antes eram inimagináveis.

-Tecnologias Emergentes

3. Desenvolvimento de Veículos Autônomos

Automóveis Autônomos

Empresas como Tesla, Waymo e Uber estão na vanguarda do desenvolvimento de veículos autônomos. Esses carros utilizam uma combinação de sensores, câmeras, radares e algoritmos de IA para navegar e tomar decisões em tempo real. A promessa é reduzir acidentes causados por erro humano e melhorar a eficiência do transporte.

Drones e Robôs de Entrega

Além dos carros autônomos, drones e robôs de entrega estão começando a ser utilizados para transportar mercadorias de maneira rápida e eficiente, especialmente em áreas urbanas densamente povoadas.

*Assistentes Virtuais: Transformando a Interatividade Humano-Computador**

Os assistentes virtuais são sistemas de inteligência artificial projetados para realizar tarefas específicas em resposta a comandos de voz ou texto dos usuários. Esses sistemas estão se tornando cada vez mais comuns em dispositivos móveis, smart speakers e outros dispositivos conectados, facilitando a interação humana com a tecnologia.

Definição e Funcionamento:

- **Definição:** Os assistentes virtuais são programas de software que utilizam técnicas de processamento de linguagem natural (NLP), reconhecimento de voz e inteligência artificial para fornecer informações e realizar ações conforme solicitado pelos usuários.

- **Funcionamento:** Eles processam comandos de voz ou texto, interpretam as intenções do usuário, executam ações como fazer reservas, responder perguntas, controlar dispositivos domésticos inteligentes, entre outras tarefas.

Tecnologias Fundamentais:

- **Processamento de Linguagem Natural (NLP):** Permite aos assistentes entenderem e gerarem linguagem humana de maneira natural.

- **Reconhecimento de Voz:** Converte fala em texto para facilitar a interação.

- **Inteligência Artificial:** Utiliza algoritmos de aprendizado de máquina para melhorar a precisão e a eficiência das interações.

Tipos de Assistentes Virtuais:

- **Assistentes Pessoais:** Exemplos incluem Siri da Apple, Google Assistant, Amazon Alexa.

- **Assistentes de Atendimento ao Cliente:** Utilizados para responder perguntas e oferecer suporte ao cliente em empresas.

- **Assistentes Integrados:** Inseridos em aplicativos e sites para melhorar a experiência do usuário.

- **Melhoria da Produtividade:** Automatização de tarefas repetitivas e simples.

- **Acessibilidade:** Facilitação do acesso à informação e serviços para pessoas com deficiências.

- **Personalização:** Capacidade de adaptar respostas e recomendações com base no histórico do usuário.

Desafios e Considerações Éticas:

- **Privacidade e Segurança:** Coleta e armazenamento de dados sensíveis dos usuários.

- **Viés e Justiça:** Garantir que os assistentes virtuais sejam equitativos e inclusivos.

- **Interpretabilidade:** Compreender como os assistentes tomam decisões e respondem a solicitações.

Futuro dos Assistentes Virtuais:

- **Integração com outras Tecnologias:** Como Internet das Coisas (IoT) e Realidade Aumentada (AR).

- **Assistentes Contextuais:** Capacidade de entender o contexto e antecipar necessidades dos usuários.

- **Avanços em NLP e Reconhecimento de Voz:** Melhoria na precisão e na naturalidade das interações.

Robótica Avançada: A Sinergia Entre IA e Mecânica

A robótica avançada representa uma das fronteiras mais emocionantes e transformadoras da inteligência artificial. Este campo, que combina princípios de engenharia mecânica, eletrônica e ciência da computação, está revolucionando indústrias e redefinindo o potencial humano em várias esferas da vida.

A integração da IA com sistemas robóticos permite a criação de máquinas capazes de aprender, adaptar-se e operar em ambientes complexos e dinâmicos. Diferente dos robôs industriais tradicionais, que executam tarefas repetitivas e pré-programadas, os robôs avançados são equipados com algoritmos de aprendizado de máquina, permitindo-lhes melhorar seu desempenho com base na experiência e nos dados coletados.

Um exemplo marcante é a utilização de robôs em ambientes de manufatura avançada. Equipados com sensores e IA, esses robôs podem realizar inspeções de qualidade em tempo real, ajustar processos de produção para minimizar defeitos e até colaborar com trabalhadores humanos de maneira segura e eficiente. Isso não só aumenta a produtividade, mas também a flexibilidade das operações industriais.

Na área da saúde, robôs cirúrgicos assistidos por IA estão revolucionando os procedimentos médicos. Esses sistemas oferecem precisão e controle que estão além das capacidades humanas, permitindo cirurgias menos invasivas e com recuperação mais rápida. Além disso, robôs de assistência médica podem ajudar em tarefas como reabilitação de pacientes, administração de medicamentos e monitoramento de sinais vitais, melhorando significativamente a qualidade do atendimento.

Outra aplicação fascinante é encontrada nos veículos autônomos. Carros, drones e outros meios de transporte equipados com IA e robótica avançada estão prontos para transformar a mobilidade urbana e logística. Esses veículos são capazes de navegar de forma autônoma, evitando obstáculos e tomando decisões em frações de segundo, graças a uma combinação de sensores, câmeras e algoritmos avançados.

A robótica avançada também está explorando fronteiras inéditas na exploração espacial. Robôs com IA estão sendo desenvolvidos para missões em ambientes extraterrestres, onde podem realizar tarefas de exploração e manutenção sem a necessidade de intervenção humana direta. Esses robôs não apenas expandem nossa capacidade de explorar o cosmos, mas também garantem a segurança dos astronautas em missões perigosas.

Apesar dos avanços significativos, a robótica avançada enfrenta desafios contínuos. A integração de sistemas complexos, a segurança e a ética no uso de robôs, e a necessidade de garantir que os robôs atuem de forma confiável e previsível são áreas que demandam pesquisa e desenvolvimento contínuos. A colaboração interdisciplinar entre engenheiros, cientistas da computação, especialistas em ética e outros profissionais será crucial para superar esses desafios e maximizar o potencial da robótica avançada.

Em resumo, a robótica avançada, impulsionada pela IA, está não apenas mudando a forma como realizamos tarefas, mas também expandindo as fronteiras do que é possível. À medida que continuamos a desenvolver e integrar essas tecnologias, estamos entrando em uma era onde humanos e robôs trabalharão lado a lado, cada um potencializando as capacidades do IA 3.0: Redefinindo a Humanidade na Era da Inteligência Artificial.

Casos de Sucesso da IA

1. Diagnóstico Médico Assistido por IA

Um dos casos mais notáveis de sucesso da IA está no campo da saúde. Algoritmos de aprendizado profundo têm sido utilizados para analisar imagens médicas, auxiliando na detecção precoce de doenças como o câncer. Sistemas desenvolvidos por empresas como Google Health e IBM Watson Health conseguem identificar anomalias em exames de imagem com uma precisão superior à dos médicos humanos. Por exemplo, a tecnologia de IA da Google Health tem demonstrado uma taxa de acurácia impressionante na detecção de câncer de mama em mamografias, superando a precisão dos radiologistas tradicionais.

2. Veículos Autônomos

A Tesla, líder no desenvolvimento de veículos autônomos, utiliza IA para navegação, detecção de objetos e tomada de decisões em tempo real. Esses carros são equipados com uma série de sensores e câmeras que coletam dados continuamente. Algoritmos de aprendizado de máquina processam esses dados para garantir uma condução segura e eficiente. Testes têm mostrado que os veículos autônomos da Tesla podem reduzir significativamente os acidentes de trânsito, prometendo transformar a segurança viária.

3. Assistentes Virtuais

Assistentes virtuais como Siri, Alexa e Google Assistant são exemplos amplamente difundidos de IA. Utilizando processamento de linguagem natural (NLP) e aprendizado de máquina, esses assistentes entendem comandos de voz, ajudam na gestão de tarefas diárias e controlam dispositivos domésticos inteligentes. A capacidade desses assistentes de aprender e se adaptar às preferências dos usuários torna-os cada vez mais eficazes e personalizados, melhorando a experiência do usuário.

Parte 2: Implicações e Impactos

Desafios Enfrentados pela IA

Questões Éticas e Regulatórias

A ascensão da inteligência artificial (IA) tem gerado uma série de questões éticas e regulatórias que precisam ser cuidadosamente abordadas para garantir um desenvolvimento e uso responsáveis dessas tecnologias. As preocupações envolvem desde a privacidade dos dados até a responsabilidade por decisões automatizadas. Aqui estão alguns dos principais aspectos a serem considerados:

Privacidade e Proteção de Dados

Com o crescente uso de IA em diversas áreas, a coleta e o processamento de grandes volumes de dados pessoais se tornaram uma prática comum. Isso levanta sérias questões sobre a privacidade dos indivíduos. Regulamentações como o GDPR na Europa e a LGPD no Brasil visam proteger os dados dos cidadãos, garantindo que as empresas obtenham consentimento explícito antes de coletar informações pessoais e assegurem o direito dos usuários de acessar, corrigir e excluir seus dados. No entanto, a aplicação dessas regulamentações em um ambiente de IA pode ser complexa e requer um equilíbrio entre inovação e proteção de direitos. A coleta massiva de dados pessoais para treinar e operar sistemas de IA pode resultar em violações de privacidade se não for adequadamente gerenciada. Regulamentações como o GDPR na Europa e a LGPD no Brasil foram criadas para proteger os dados dos usuários, mas é necessário um esforço contínuo para garantir que as empresas sigam práticas éticas e seguras. A privacidade de dados é uma preocupação crescente na era digital, especialmente com o aumento do uso de inteligência artificial e grandes volumes de dados. Aqui estão três exemplos de questões e práticas relacionadas à privacidade de dados:

1. **Regulamentações de Proteção de Dados**

Regulamentações como o Regulamento Geral sobre a Proteção de Dados (GDPR) na União Europeia e a Lei Geral de Proteção de Dados (LGPD) no Brasil foram implementadas para proteger a privacidade dos dados dos indivíduos. Essas leis exigem que as empresas obtenham consentimento explícito dos usuários antes de coletar e processar seus dados pessoais. Elas também garantem aos usuários o direito de acessar, corrigir e solicitar a exclusão de suas informações pessoais. A não conformidade com essas regulamentações pode resultar em multas significativas e danos à reputação das empresas.

2. **Anonimização de Dados**

A anonimização de dados é uma técnica utilizada para proteger a privacidade dos indivíduos ao remover ou alterar informações pessoais identificáveis de conjuntos de dados. Por exemplo, antes de compartilhar dados de saúde para pesquisa, um hospital pode anonimizar os registros dos pacientes, removendo nomes, endereços e outros identificadores únicos. Isso permite que os dados sejam utilizados para análise e desenvolvimento de tratamentos sem comprometer a privacidade dos pacientes. No entanto, a anonimização deve ser feita de forma rigorosa para evitar que os dados possam ser reidentificados.

3. **Vazamento de Dados**

Vazamentos de dados ocorrem quando informações sensíveis são acessadas, divulgadas ou roubadas por indivíduos não autorizados. Esse tipo de incidente pode ter consequências graves para os indivíduos afetados, como roubo de identidade e fraudes financeiras. Empresas e organizações precisam implementar medidas robustas de segurança cibernética e práticas de gerenciamento de dados para prevenir vazamentos e proteger a privacidade dos usuários.

Brechas de segurança podem ter impactos devastadores, comprometendo informações sensíveis e causando danos financeiros e reputacionais significativos. Aqui estão três exemplos de brechas de segurança e suas consequências:

Exemplos de Brechas de Segurança e Suas Consequências

1. **Incidente da Equifax (2017)**

Em 2017, a agência de crédito Equifax sofreu uma das maiores brechas de dados da história, expondo informações pessoais de cerca de 147 milhões de pessoas. Dados comprometidos incluíam números de segurança social, datas de nascimento, endereços e, em alguns casos, números de carteiras de motorista e informações de cartões de crédito. As consequências foram graves: muitos indivíduos enfrentaram riscos de roubo de identidade e fraude financeira. A Equifax sofreu um dano significativo à sua reputação, além de enfrentar multas e ações judiciais que resultaram em acordos financeiros bilionários.

2. **Brecha no Yahoo (2013-2014)**

O Yahoo revelou em 2016 que, em 2013 e 2014, hackers comprometeram todas as 3 bilhões de contas de usuários da empresa, acessando informações como nomes, endereços de e-mail, números de telefone, datas de nascimento e, em alguns casos, perguntas e respostas de segurança criptografadas. A violação afetou a confiança dos usuários e teve um impacto negativo na aquisição do Yahoo pela Verizon, que reduziu o preço de compra em US$ 350 milhões. A brecha também resultou em várias ações judiciais e investigações governamentais.

3. **Ataque ao Target (2013)**

Em 2013, a rede de varejo Target sofreu uma brecha de segurança que resultou no roubo de informações de pagamento de aproximadamente 40 milhões de clientes, além de dados pessoais de 70 milhões de clientes. Os hackers obtiveram acesso aos sistemas da Target através de uma credencial de login de um fornecedor de HVAC. As consequências incluíram a perda de confiança dos consumidores, um impacto negativo nas vendas de fim de ano, custos elevados associados à resposta ao incidente e melhorias na segurança, além de acordos judiciais totalizando milhões de dólares.

Esses exemplos mostram como as brechas de segurança podem ter consequências de longo alcance, afetando indivíduos e organizações de diversas maneiras. A prevenção de tais incidentes requer uma abordagem proativa, incluindo medidas robustas de segurança cibernética, treinamento de funcionários e a implementação de políticas de resposta a incidentes eficazes.

Esses exemplos destacam a importância de proteger a privacidade dos dados em um mundo cada vez mais digitalizado. As regulamentações, técnicas de anonimização e medidas de segurança são essenciais para garantir que os dados pessoais sejam tratados de maneira ética e segura, preservando a confiança dos usuários e evitando prejuízos significativos.

Viés Algorítmico

O viés algorítmico é uma preocupação crescente, pois sistemas de IA podem perpetuar ou amplificar preconceitos existentes nos dados de treinamento. É essencial desenvolver métodos para identificar e mitigar esses vieses para garantir a equidade e a justiça nos sistemas de IA.

O viés algorítmico é um dos principais desafios enfrentados pela IA. Algoritmos de IA são treinados em grandes volumes de dados, e se esses dados contêm preconceitos, o algoritmo pode perpetuar e amplificar esses vieses. Um exemplo significativo é o reconhecimento facial, onde alguns sistemas apresentaram maior taxa de erro na identificação de indivíduos de pele escura. É crucial desenvolver métodos para identificar e mitigar esses vieses para garantir que os sistemas de IA sejam justos e imparciais.

O viés algorítmico ocorre quando algoritmos de inteligência artificial refletem ou amplificam preconceitos existentes nos dados em que foram treinados. Isso pode levar a decisões injustas e discriminatórias. Aqui estão três exemplos de viés algorítmico:

1. **Recrutamento e Seleção de Pessoal**

Algoritmos de IA usados em processos de recrutamento e seleção podem apresentar vieses contra certos grupos demográficos. Por exemplo, uma empresa de tecnologia que usou um algoritmo para avaliar currículos descobriu que o sistema penalizava candidaturas que continham palavras relacionadas a gêneros femininos, como "mulheres" ou "feminino". Isso ocorreu porque o algoritmo foi treinado com dados históricos da empresa, que refletiam uma predominância de candidatos masculinos contratados no passado. Como resultado, candidatas qualificadas foram injustamente desconsideradas.

2. **Reconhecimento Facial**

Sistemas de reconhecimento facial frequentemente exibem viés racial, com taxas de erro significativamente maiores para pessoas de cor. Um estudo famoso demonstrou que algoritmos de reconhecimento facial eram menos precisos ao identificar rostos de indivíduos negros e asiáticos em comparação com rostos de indivíduos brancos. Esse viés ocorre porque os dados de treinamento muitas vezes contêm mais exemplos de rostos brancos, levando a uma menor precisão para outras etnias. Isso pode resultar em consequências sérias, como a identificação errônea em sistemas de segurança e vigilância.

3. **Análise de Crédito**

Algoritmos utilizados por instituições financeiras para análise de crédito podem discriminar certos grupos socioeconômicos ou raciais. Por exemplo, um sistema automatizado de concessão de crédito pode rejeitar solicitações de indivíduos de minorias étnicas a taxas mais altas do que as de indivíduos brancos, mesmo que tenham perfis financeiros semelhantes. Esse viés pode ser resultado de dados históricos que refletem desigualdades econômicas e discriminações passadas. A aplicação de tais algoritmos perpetua essas desigualdades, impedindo que pessoas de minorias tenham acesso justo a crédito e serviços financeiros.

Esses exemplos ilustram como o viés algorítmico pode ter impactos significativos e prejudiciais em diversas áreas, desde recrutamento até segurança e finanças. Reconhecer e mitigar esses vieses é crucial para garantir que as tecnologias de IA sejam justas e equitativas para todos.

Transparência e Explicabilidade

A complexidade dos algoritmos de IA, especialmente os modelos de aprendizado profundo, muitas vezes torna difícil entender como as decisões são tomadas. Isso pode ser problemático em situações onde a explicabilidade é essencial, como na medicina, finanças e justiça. Exigir que os sistemas de IA sejam transparentes e explicáveis é uma questão ética e regulatória importante. Isso não só ajuda a construir confiança nos sistemas de IA, mas também permite que os indivíduos questionem e compreendam as decisões que os afetam.

Responsabilidade e Responsabilização

À medida que a IA assume funções críticas em nossa sociedade, surge a questão de quem é responsável quando algo dá errado. Se um carro autônomo causar um acidente ou um sistema de IA tomar uma decisão prejudicial, determinar a responsabilidade pode ser complexo. É necessário desenvolver marcos regulatórios claros que estabeleçam a responsabilidade dos desenvolvedores, proprietários e operadores de sistemas de IA. Isso inclui a criação de seguros e fundos de compensação para lidar com possíveis danos.

Impacto no Trabalho e Economia

A automação impulsionada pela IA está transformando o mercado de trabalho, substituindo empregos tradicionais e criando novas oportunidades. No entanto, isso também levanta preocupações sobre a perda de empregos e a desigualdade econômica. Políticas públicas precisam ser desenvolvidas para apoiar a requalificação e o aprimoramento profissional dos trabalhadores afetados pela automação. Além disso, é essencial que os benefícios econômicos da IA sejam distribuídos de forma equitativa para evitar o aumento da disparidade econômica.

Abordar as questões éticas e regulatórias da inteligência artificial é fundamental para garantir que essa tecnologia seja desenvolvida e utilizada de maneira responsável e benéfica para a sociedade. Isso requer uma colaboração contínua entre governos, indústria, academia e sociedade civil para criar um ambiente regulatório que promova a inovação ao mesmo tempo que protege os direitos e interesses dos indivíduos.

A automação impulsionada pela IA tem o potencial de substituir muitos empregos tradicionais, criando desafios significativos para a força de trabalho. É crucial desenvolver estratégias para requalificar trabalhadores e promover a criação de novos empregos em setores emergentes.

O estado atual da IA é caracterizado por uma rápida evolução e uma adoção ampla em diversos setores. As aplicações discutidas neste capítulo ilustram o potencial transformador da IA, bem como os desafios e as considerações éticas que acompanham essa tecnologia. À medida que a IA continua a avançar, é essencial equilibrar inovação com responsabilidade para maximizar os benefícios e minimizar os riscos associados a essa poderosa ferramenta.

Automação e o Futuro do Trabalho

A automação, impulsionada por avanços em inteligência artificial (IA) e robótica, está transformando o mundo do trabalho de maneiras profundas e complexas. Em diversos setores, tarefas repetitivas e rotineiras estão sendo automatizadas, permitindo que os trabalhadores humanos se concentrem em atividades mais complexas e criativas. No setor manufatureiro, por exemplo, robôs industriais realizam montagem e inspeção de qualidade com uma precisão e eficiência inigualáveis, reduzindo custos e aumentando a produtividade.

No entanto, essa transformação traz desafios significativos. Muitos empregos tradicionais estão em risco de extinção à medida que as máquinas se tornam capazes de realizar tarefas anteriormente desempenhadas por humanos. Trabalhadores em linhas de produção, call centers e até mesmo na área de serviços enfrentam a ameaça da substituição por sistemas automatizados. Isso cria uma necessidade urgente de requalificação e desenvolvimento de novas habilidades para a força de trabalho.

Ao mesmo tempo, a automação está criando novas oportunidades de emprego em áreas que exigem alta qualificação, como desenvolvimento de software, análise de dados e manutenção de sistemas de IA. O desafio para governos, empresas e instituições educacionais é garantir que os trabalhadores sejam capacitados para essas novas oportunidades, promovendo programas de educação continuada e requalificação profissional.

A automação também levanta questões éticas e sociais, como a distribuição equitativa dos benefícios econômicos gerados pela tecnologia. Há um debate crescente sobre a implementação de políticas como a renda básica universal para mitigar os efeitos negativos da automação no emprego. Além disso, a redefinição das relações de trabalho, com a ascensão do trabalho remoto e a economia gig, também está moldando o futuro do trabalho de maneira significativa.

Em resumo, enquanto a automação promete aumentar a eficiência e criar novas oportunidades, também exige uma abordagem proativa para enfrentar os desafios associados à transição para uma economia mais automatizada. A chave para o futuro será equilibrar os benefícios tecnológicos com políticas inclusivas que garantam a prosperidade compartilhada.

A transformação digital e a adoção crescente de tecnologias avançadas, como inteligência artificial (IA), automação e big data, estão criando um panorama dinâmico de novas oportunidades e desafios para a força de trabalho.

1. **Empregos em Tecnologia Avançada:** O desenvolvimento e a implementação de IA e automação estão gerando uma demanda crescente por profissionais especializados em ciência de dados, engenharia de software, cibersegurança e desenvolvimento de IA. Essas áreas oferecem oportunidades de carreira promissoras, com salários competitivos e grande potencial de crescimento.

Exemplos de Empregos em Tecnologia Avançada

A rápida evolução das tecnologias digitais e da inteligência artificial está criando novas oportunidades de emprego em diversas áreas. Aqui estão três exemplos de empregos em tecnologia avançada que estão em alta demanda:

1. **Cientista de Dados (Data Scientist)**

Os cientistas de dados são profissionais que coletam, analisam e interpretam grandes volumes de dados para ajudar as empresas a tomar decisões informadas. Eles utilizam métodos estatísticos, algoritmos de aprendizado de máquina e ferramentas de visualização de dados para descobrir padrões e tendências. A demanda por cientistas de dados está crescendo em setores como saúde, finanças, marketing e tecnologia, onde a análise de dados pode fornecer insights valiosos para melhorar produtos, serviços e operações.

2. **Engenheiro de Inteligência Artificial/Machine Learning (AI/ML Engineer)**

Engenheiros de inteligência artificial e aprendizado de máquina desenvolvem algoritmos e modelos que permitem que as máquinas aprendam e realizem tarefas de forma autônoma. Esses profissionais trabalham na criação de sistemas de recomendação, reconhecimento de imagem e voz, veículos autônomos, entre outras aplicações. A necessidade de engenheiros de AI/ML está aumentando rapidamente à medida que mais empresas buscam integrar essas tecnologias em seus produtos e serviços para ganhar uma vantagem competitiva.

3. **Especialista em Cibersegurança (Cybersecurity Specialist)**

Especialistas em cibersegurança são responsáveis por proteger sistemas, redes e dados contra ataques cibernéticos e violações de segurança. Eles implementam medidas de segurança, monitoram atividades suspeitas e respondem a incidentes de segurança para minimizar os riscos. Com o aumento das ameaças cibernéticas e a crescente dependência de tecnologia digital, a demanda por profissionais de cibersegurança está crescendo em todos os setores, desde pequenas empresas até grandes corporações e governos.

Esses exemplos de empregos em tecnologia avançada destacam a importância de habilidades especializadas e conhecimento técnico para enfrentar os desafios e aproveitar as oportunidades da era digital. A contínua evolução dessas áreas oferece um panorama promissor para profissionais que buscam carreiras inovadoras e impactantes.

2. **Trabalhos Criativos e Estratégicos:** À medida que as máquinas assumem tarefas repetitivas e rotineiras, os trabalhadores humanos têm mais espaço para se concentrar em atividades que exigem criatividade, pensamento crítico e tomada de decisão estratégica. Profissões em design, inovação, gestão e análise de negócios estão se expandindo, valorizando habilidades humanas únicas que as máquinas ainda não conseguem replicar.

3. **Educação e Treinamento Continuado:** A necessidade de adaptação constante está impulsionando a indústria de educação e treinamento profissional. Programas de requalificação e educação continuada são essenciais para preparar os trabalhadores para as novas demandas do mercado de trabalho, proporcionando-lhes habilidades relevantes e atualizadas.

Desafios

1. **Desigualdade de Habilidades:** A rápida evolução tecnológica está criando uma disparidade crescente entre trabalhadores com habilidades avançadas em tecnologia e aqueles cuja formação é inadequada para as novas exigências do mercado. A requalificação e a educação inclusiva são fundamentais para evitar que grandes segmentos da força de trabalho sejam deixados para trás.

2. **Segurança no Emprego:** A automação e a IA podem ameaçar a segurança no emprego, especialmente em setores que dependem de tarefas repetitivas e previsíveis. Trabalhadores em indústrias como manufatura, transporte e serviços administrativos enfrentam um risco elevado de substituição por máquinas, exigindo políticas de proteção social e apoio à transição para novos empregos.

3. **Impacto Psicológico e Social:** A mudança rápida no ambiente de trabalho pode causar estresse e incerteza entre os trabalhadores. A adaptação a novas tecnologias e a necessidade constante de aprendizado podem ser desgastantes, destacando a importância de suporte psicológico e programas de bem-estar no local de trabalho.

4. **Ética e Responsabilidade:** A implementação de IA e automação levanta questões éticas sobre privacidade, responsabilidade e transparência. Garantir que as tecnologias sejam desenvolvidas e usadas de maneira ética e responsável é um desafio contínuo, exigindo a colaboração entre empresas, governos e sociedade civil.

Em conclusão, enquanto as novas tecnologias oferecem vastas oportunidades para inovação e crescimento, é crucial abordar os desafios de maneira proativa. Políticas inclusivas, educação contínua e um foco na ética são essenciais para garantir que a força de trabalho global possa se adaptar e prosperar na era da IA e da automação.

Políticas Públicas e a Necessidade de Requalificação Profissional

A transformação tecnológica, liderada pela inteligência artificial (IA) e pela automação, está remodelando o mercado de trabalho de maneira profunda e acelerada. Essa mudança exige uma resposta robusta em termos de políticas públicas para garantir que a força de trabalho esteja preparada para as novas exigências e que ninguém seja deixado para trás.

Importância da Requalificação Profissional

A requalificação profissional é essencial para ajudar os trabalhadores a adaptarem-se às mudanças tecnológicas. À medida que as máquinas assumem tarefas rotineiras e repetitivas, há uma crescente demanda por habilidades que envolvem criatividade, pensamento crítico e competência tecnológica. Programas de requalificação podem capacitar os trabalhadores a transitar para setores em crescimento, como tecnologia da informação, saúde e energias renováveis.

Políticas Públicas Necessárias

1. **Investimento em Educação e Treinamento:** Governos precisam investir significativamente em programas de educação e treinamento técnico. Isso inclui a modernização dos currículos escolares para incluir competências digitais desde cedo e a oferta de cursos de requalificação para adultos. Parcerias público-privadas podem ser eficazes, com empresas colaborando para identificar as habilidades mais demandadas e desenvolver programas de treinamento alinhados a essas necessidades.

2. **Apoio à Transição de Carreira:** Políticas de apoio à transição de carreira, como seguros-desemprego estendidos, subsídios para treinamento e programas de recolocação, são cruciais. Essas políticas ajudam os trabalhadores a se requalificarem sem enfrentar

insegurança financeira, permitindo uma transição mais suave para novas oportunidades de emprego.

3. **Incentivos Fiscais para Empresas:** Oferecer incentivos fiscais às empresas que investem na formação contínua de seus funcionários pode encorajar o setor privado a participar ativamente na requalificação da força de trabalho. Isso pode incluir deduções fiscais para despesas com treinamento e desenvolvimento profissional.

4. **Plataformas de Aprendizagem Online:** O desenvolvimento de plataformas de aprendizagem online acessíveis e de alta qualidade é outra estratégia eficaz. Essas plataformas permitem que trabalhadores de todas as regiões e contextos socioeconômicos acessem educação e treinamento de maneira flexível, adaptada às suas necessidades.

5. **Foco em Soft Skills:** Além das habilidades técnicas, é importante que os programas de requalificação incluam o desenvolvimento de soft skills, como comunicação, resolução de problemas e adaptabilidade. Essas habilidades são essenciais em um mercado de trabalho em constante mudança e complementam as competências técnicas.

Democratizando o Conhecimento em Inteligência Artificial

A inteligência artificial (IA) está moldando o futuro de diversas indústrias, mas muitos ainda carecem de conhecimento básico sobre essa tecnologia. Para que a maioria da população tenha pelo menos um entendimento fundamental sobre IA, várias abordagens podem ser adotadas:

1. **Educação e Formação Inicial**

- **Currículo Escolar**: Integrar conceitos básicos de IA, ciência da computação e programação nos currículos escolares, desde o ensino fundamental até o ensino médio, pode ajudar a familiarizar os alunos com essas tecnologias desde cedo.

- **Cursos Universitários**: Oferecer cursos e programas de graduação específicos em IA e áreas relacionadas, como aprendizado de máquina e ciência de dados, em universidades e faculdades.

2. **Plataformas de Educação Online**

- **MOOCs (Massive Open Online Courses)**: Plataformas como Coursera, edX e Udacity oferecem cursos gratuitos ou a preços acessíveis sobre IA, aprendizado de máquina e outros tópicos relevantes. Esses cursos são acessíveis a qualquer pessoa com uma conexão à internet.

- **Tutoriais e Webinars**: Criar e promover tutoriais, webinars e workshops online sobre IA pode ajudar a disseminar conhecimento de forma ampla e acessível.

3. **Iniciativas Governamentais e Privadas**

- **Programas de Alfabetização Digital**: Governos e organizações sem fins lucrativos podem lançar programas de alfabetização digital que incluem módulos sobre IA e tecnologia digital, visando especialmente comunidades desfavorecidas.

- **Parcerias Público-Privadas**: Colaborações entre o setor privado, governos e instituições educacionais podem financiar e desenvolver programas de treinamento em larga escala.

4. **Recursos Educativos em Diversos Formatos**

- **Livros e Materiais Didáticos**: Publicar livros, guias e materiais didáticos sobre IA em linguagem acessível e distribuí-los amplamente pode ajudar a educar a população.

- **Conteúdo Audiovisual**: Produzir vídeos educacionais, documentários e séries sobre IA para plataformas como YouTube e canais de televisão pode alcançar uma audiência ampla e diversificada.

5. **Eventos e Comunidades**

- **Hackathons e Competições**: Organizar hackathons e competições de programação pode engajar e educar pessoas de todas as idades, incentivando a prática e a aplicação de conhecimentos em IA.

- **Grupos de Estudos e Clubes**: Estabelecer grupos de estudo, clubes de IA e comunidades locais onde as pessoas possam se reunir para aprender e discutir sobre IA pode fomentar um ambiente colaborativo de aprendizado.

6.**Iniciativas Corporativas**

- **Programas de Treinamento Corporativo**: Empresas podem oferecer programas de treinamento e workshops para seus funcionários, ajudando-os a adquirir habilidades em IA e preparar-se para futuras demandas do mercado de trabalho.

- **Iniciativas de Responsabilidade Social**: Grandes empresas de tecnologia podem investir em iniciativas de responsabilidade social focadas na educação em IA, oferecendo bolsas de estudo, materiais educativos e programas comunitários.

A democratização do conhecimento sobre inteligência artificial requer um esforço conjunto de instituições educacionais, governos, empresas e a sociedade como um todo. Ao tornar o aprendizado de IA acessível e envolvente, podemos capacitar mais pessoas a entender e utilizar essa tecnologia, preparando-as para um futuro cada vez mais digital.

Desafios e Considerações

A implementação dessas políticas enfrenta desafios significativos. É necessário um planejamento cuidadoso para garantir que os programas de requalificação sejam acessíveis a todos, independentemente de sua localização geográfica ou situação financeira. Além disso, a rápida evolução tecnológica requer que as políticas de requalificação sejam dinâmicas e adaptáveis, antecipando as futuras demandas do mercado de trabalho.

A necessidade de requalificação profissional é imperativa para enfrentar os desafios da transformação digital. Políticas públicas bem elaboradas e executadas podem garantir que a força de trabalho esteja equipada para prosperar na nova economia digital, promovendo uma transição justa e inclusiva. A colaboração entre governos, setor privado e instituições educacionais será essencial para o sucesso dessas iniciativas, assegurando que todos os trabalhadores tenham a oportunidade de desenvolver as habilidades necessárias para o futuro.

Capítulo 4: Ética e IA

Dilemas Éticos no Desenvolvimento e Uso da IA

O desenvolvimento e o uso da inteligência artificial (IA) apresentam uma série de dilemas éticos que exigem atenção cuidadosa de cientistas, engenheiros, políticos e sociedade em geral. Estes dilemas estão intrinsecamente ligados ao potencial transformador da IA e às suas amplas aplicações em diversas áreas da vida cotidiana.

Transparência e Explicabilidade

Um dos principais dilemas éticos é a transparência e a explicabilidade dos sistemas de IA. Muitos algoritmos de IA, especialmente aqueles baseados em aprendizado profundo, funcionam como "caixas-pretas", tornando difícil para os seres humanos entenderem como chegam a determinadas conclusões ou decisões. A falta de transparência pode levar à desconfiança e à dificuldade de responsabilizar sistemas de IA por erros ou preconceitos.

Viés e Discriminação

Os sistemas de IA são treinados em grandes conjuntos de dados, que muitas vezes contêm vieses implícitos. Se não forem cuidadosamente monitorados e corrigidos, esses vieses podem ser amplificados pela IA, resultando em discriminação e injustiça, particularmente em áreas sensíveis como recrutamento de trabalho, vigilância policial e decisões judiciais.

Privacidade e Vigilância

A capacidade da IA de analisar grandes volumes de dados pessoais levanta sérias preocupações sobre privacidade. O uso de IA em vigilância pode infringir a privacidade individual, e há um risco de criação de estados de vigilância, onde os comportamentos das pessoas são constantemente monitorados e analisados.

Autonomia e Responsabilidade

Outro dilema ético significativo é a questão da autonomia e responsabilidade. À medida que os sistemas de IA se tornam mais autônomos, torna-se crucial determinar quem é responsável pelas ações da IA. Se um carro autônomo causar um acidente, quem deve ser responsabilizado? O fabricante, o programador ou o próprio carro?

Desigualdade Econômica

A automação impulsionada pela IA pode levar a uma redistribuição significativa de empregos, com muitas funções sendo substituídas por máquinas. Isso pode aumentar a desigualdade econômica, com benefícios da IA concentrados nas mãos de poucos, enquanto muitos podem perder suas fontes de renda.

Uso em Conflitos e Armas Autônomas

O desenvolvimento de armas autônomas, que podem operar sem intervenção humana, apresenta um dilema ético grave. O uso de IA em conflitos militares levanta questões sobre a moralidade de permitir que máquinas tomem decisões de vida ou morte, bem como os riscos de uma corrida armamentista entre nações.

Benefício vs. Prejuízo

A implementação de IA deve sempre considerar a balança entre benefício e prejuízo. A promessa de benefícios significativos, como avanços médicos e aumento da eficiência, deve ser ponderada contra os potenciais prejuízos, como a perda de empregos e a erosão da privacidade.

Os dilemas éticos no desenvolvimento e uso da IA são complexos e multifacetados. É essencial que esses desafios sejam abordados com uma abordagem ética robusta e transparente, garantindo que a IA seja desenvolvida e utilizada de forma a beneficiar a sociedade como um todo, enquanto minimiza os riscos e protege os direitos individuais. A criação de uma governança global e a colaboração entre diferentes setores serão fundamentais para navegar esses dilemas éticos de maneira eficaz.

- Questões de privacidade e segurança de dados.

A ascensão da inteligência artificial (IA) trouxe consigo uma transformação significativa na maneira como os dados são coletados, armazenados e utilizados. Com essa transformação, surgem questões críticas sobre privacidade e segurança de dados, que precisam ser abordadas para garantir que os benefícios da IA não venham à custa dos direitos e liberdades individuais.

Coleta e Armazenamento de Dados

A IA depende de grandes volumes de dados para treinar seus algoritmos e melhorar seu desempenho. Isso inclui dados pessoais sensíveis, como informações de saúde, comportamentais e financeiras. A coleta indiscriminada e o armazenamento inadequado desses dados podem levar a violações de privacidade e ao uso não autorizado de informações pessoais.

Consentimento e Transparência

Uma questão fundamental é a obtenção de consentimento informado dos indivíduos cujos dados estão sendo coletados. Muitas vezes, as políticas de privacidade são complexas e difíceis de entender, o que dificulta a compreensão dos usuários sobre como seus dados serão utilizados. A transparência nas práticas de coleta e uso de dados é essencial para construir confiança e garantir que os indivíduos tenham controle sobre suas informações pessoais.

Segurança de Dados

A segurança dos dados é uma preocupação crítica, especialmente em um cenário onde violações de dados e ataques cibernéticos são cada vez mais comuns. Dados pessoais em mãos erradas podem ser utilizados para fins maliciosos, como roubo de identidade, fraudes financeiras e chantagem. A implementação de medidas robustas de segurança, incluindo criptografia, autenticação multifatorial e monitoramento contínuo, é vital para proteger os dados contra acessos não autorizados e ataques.

Anonimização e Pseudonimização

Para mitigar os riscos de privacidade, técnicas de anonimização e pseudonimização podem ser empregadas. A anonimização envolve a remoção de identificadores pessoais dos conjuntos de dados, tornando impossível a identificação de indivíduos específicos. A pseudonimização, por sua vez, substitui os identificadores pessoais por pseudônimos, mantendo um nível de proteção enquanto ainda permite a análise de dados.

Regulamentação e Conformidade

A regulamentação desempenha um papel crucial na proteção da privacidade e segurança de dados. Leis como o Regulamento Geral sobre a Proteção de Dados (GDPR) na Europa e a Lei Geral de Proteção de Dados (LGPD) no Brasil estabelecem diretrizes claras para a coleta, armazenamento e uso de dados pessoais. A conformidade com essas regulamentações é fundamental para garantir que as práticas de IA respeitem os direitos dos indivíduos e protejam suas informações.

Desafios e Soluções Tecnológicas

Os avanços tecnológicos trazem tanto desafios quanto soluções para a privacidade e segurança de dados. Tecnologias emergentes como a blockchain podem oferecer novos métodos de proteção de dados, enquanto também apresentam novos vetores de ataque. A pesquisa contínua e o desenvolvimento de soluções inovadoras são essenciais para enfrentar os desafios em evolução.

Implicações Futuras

À medida que a IA continua a evoluir, as questões de privacidade e segurança de dados se tornarão ainda mais complexas. A integração crescente de IA em dispositivos do dia-a-dia, como assistentes virtuais e dispositivos de Internet das Coisas (IoT), ampliará a quantidade de dados coletados e aumentará os riscos associados. Antecipar e abordar essas questões será fundamental para garantir que a IA seja desenvolvida e utilizada de forma ética e segura.

As questões de privacidade e segurança de dados no contexto da IA são multifacetadas e desafiadoras. A proteção das informações pessoais exige uma abordagem integrada que combine regulamentação rigorosa, tecnologias avançadas e práticas transparentes de coleta e uso de dados. Garantir a privacidade e a segurança de dados não é apenas uma responsabilidade legal, mas também uma obrigação ética para preservar a confiança pública e proteger os direitos individuais.

Responsabilidade e Regulamentação na Inteligência Artificial

À medida que a inteligência artificial (IA) se torna cada vez mais integrada em diversos aspectos da sociedade, as questões de responsabilidade e regulamentação ganham destaque. Esses aspectos são essenciais para garantir que a IA seja desenvolvida e implementada de maneira ética, segura e benéfica para todos.

Responsabilidade na IA

A regulamentação da IA é necessária para estabelecer padrões e diretrizes que garantam a segurança, a ética e a eficácia dos sistemas de IA. Regulamentar a IA é um desafio, pois envolve equilibrar a inovação tecnológica com a proteção dos direitos e interesses públicos.

Exemplos de pessoas e organizações que implementam IA:

1. **Desenvolvedores e Programadores**: Aqueles que criam os algoritmos e treinam os modelos de IA têm a responsabilidade de garantir que os sistemas sejam seguros, imparciais e éticos.

2. **Empresas e Organizações**: As entidades que implementam e utilizam a IA devem garantir que os sistemas sejam usados de acordo com as normas e regulamentos estabelecidos, assumindo a responsabilidade por quaisquer impactos negativos.

3. **Usuários Finais**: Os usuários de sistemas de IA também têm uma parcela de responsabilidade em utilizá-los de maneira ética e informar quaisquer problemas ou abusos observados.

Normas e Diretrizes para a Regulamentação

1. **Normas e Diretrizes**: Regulamentações devem estabelecer padrões claros sobre o desenvolvimento e uso da IA, incluindo diretrizes sobre transparência, explicabilidade e segurança.

2. **Privacidade e Proteção de Dados**: As leis de privacidade devem ser fortalecidas para garantir que os dados utilizados e gerados por sistemas de IA sejam protegidos contra abusos e violações.

3. **Responsabilidade Legal**: Definir claramente as responsabilidades legais em casos de falhas ou danos causados por sistemas de IA é crucial. Isso inclui quem é responsabilizado em acidentes envolvendo veículos autônomos ou em decisões automatizadas prejudiciais.

Desafios na Regulamentação

Regulamentar a IA apresenta diversos desafios, devido à rápida evolução da tecnologia e à sua aplicação em diferentes contextos.

1. **Rápida Evolução Tecnológica**: A IA está em constante evolução, tornando difícil para as regulamentações acompanhar os avanços tecnológicos e prever futuras implicações.

2. **Globalização**: A IA é uma tecnologia global, e a falta de uma regulamentação harmonizada entre diferentes países pode levar a lacunas regulatórias e à exploração de jurisdições com menos restrições.

3. **Equilíbrio entre Inovação e Segurança**: Regulamentações excessivamente restritivas podem sufocar a inovação, enquanto regulamentações muito flexíveis podem não fornecer proteção suficiente aos indivíduos e à sociedade.

Abordagens para a Regulamentação

Para enfrentar esses desafios, várias abordagens podem ser adotadas:

1. **Governança Global**: A colaboração internacional pode ajudar a harmonizar as regulamentações e garantir que normas consistentes sejam aplicadas em diferentes regiões.

2. **Regulação Baseada em Risco**: Focar na regulação das aplicações de IA com maior potencial de risco pode ajudar a equilibrar a inovação com a proteção.

3. **Engajamento Multissetorial**: Incluir diversas partes interessadas, como governos, empresas, academia e sociedade civil, no desenvolvimento de políticas e regulamentos pode garantir que diferentes perspectivas sejam consideradas.

A responsabilidade e a regulamentação na IA são fundamentais para garantir que o desenvolvimento e o uso desta tecnologia avancem de maneira ética e segura. Estabelecer padrões claros, proteger os direitos individuais e garantir a responsabilidade por ações e decisões tomadas por sistemas de IA são passos cruciais para integrar a IA de forma benéfica na sociedade. A colaboração internacional e uma abordagem equilibrada e baseada em riscos são essenciais para enfrentar os desafios e maximizar os benefícios da IA. Além disso, é vital criar mecanismos de transparência que permitam auditorias independentes dos sistemas de IA, assegurando que eles operem de acordo com as diretrizes estabelecidas. As regulamentações devem ser flexíveis o suficiente para evoluir com a tecnologia, evitando que inovações sejam sufocadas por regulamentações obsoletas. A educação e conscientização sobre IA também são essenciais para que o público entenda e participe do debate sobre as implicações éticas e legais da tecnologia. Por fim, a criação de órgãos reguladores especializados em IA pode ajudar a monitorar e orientar o desenvolvimento da tecnologia, promovendo um ambiente de confiança e segurança para todos os envolvidos.

- Como a IA está transformando a interação social.

A inteligência artificial (IA) está remodelando profundamente a maneira como interagimos uns com os outros. Suas aplicações em diversas plataformas e tecnologias estão transformando as dinâmicas sociais, desde a comunicação pessoal até a forma como nos conectamos em comunidades virtuais. Esta transformação traz tanto oportunidades quanto desafios, impactando a sociedade de maneiras complexas e interconectadas.

Comunicação Pessoal

A IA tem um papel central na facilitação e mediação da comunicação pessoal:

1. **Assistentes Virtuais**: Ferramentas como Alexa, Siri e Google Assistant ajudam os usuários em tarefas diárias, respondem a perguntas e até mantêm conversas simples, tornando a interação com a tecnologia mais natural e fluida.

2. **Tradução em Tempo Real**: Serviços de tradução automática, como o Google Translate, permitem que pessoas de diferentes idiomas se comuniquem instantaneamente, quebrando barreiras linguísticas e promovendo uma maior compreensão intercultural.

3. **Chatbots e Mensageiros**: Chatbots em plataformas de mensagens oferecem suporte ao cliente, realizam transações e fornecem informações, facilitando a interação entre consumidores e empresas de maneira eficiente.

Redes Sociais

As redes sociais são um dos campos mais visivelmente transformados pela IA:

1. **Algoritmos de Recomendação**: IA personaliza o conteúdo que os usuários veem, com base em seus interesses e comportamentos, mantendo-os engajados e conectados com temas e pessoas relevantes.

2. **Moderação de Conteúdo**: Sistemas de IA são usados para identificar e remover conteúdo inadequado ou prejudicial, ajudando a manter as plataformas mais seguras e saudáveis.

3. **Análise de Sentimentos**: Ferramentas de análise de sentimentos monitoram as emoções e opiniões expressas nas redes sociais, fornecendo insights valiosos para empresas e influenciando estratégias de marketing e comunicação.

A IA facilita a criação e manutenção de comunidades virtuais, promovendo novas formas de interação social:

1. **Jogos Online**: IA aprimora a experiência de jogos online através de personagens e ambientes mais realistas e interativos, criando espaços sociais onde os jogadores podem se conectar e colaborar.

2. **Plataformas de Aprendizado**: Ambientes de aprendizado online utilizam IA para personalizar a educação, conectar estudantes com interesses semelhantes e facilitar discussões e colaborações.

3. **Realidade Virtual e Aumentada**: IA integra-se com tecnologias de realidade virtual e aumentada para criar experiências imersivas, permitindo que pessoas interajam em ambientes digitais como se estivessem fisicamente presentes.

Desafios e Considerações Éticas

Embora a IA traga muitos benefícios para a interação social, também apresenta desafios éticos e práticos:

1. **Privacidade**: A coleta e análise de dados pessoais por IA podem levar a preocupações significativas sobre privacidade e segurança.

2. **Desinformação**: IA pode ser usada para criar e disseminar informações falsas, influenciando negativamente a opinião pública e causando polarização social.

3. **Dependência e Alienação**: O uso excessivo de tecnologias mediadas por IA pode levar ao isolamento social e à dependência tecnológica, diminuindo a qualidade das interações humanas diretas.

Futuro da Interação Social com IA

O futuro da interação social mediada por IA promete evoluções contínuas e novas formas de conexão:

1. **Interações Mais Humanas**: O avanço da IA em compreensão de linguagem natural e empatia emocional permitirá interações mais naturais e humanas entre pessoas e máquinas.

2. **Inclusão Digital**: A IA pode ajudar a reduzir a exclusão digital, proporcionando acesso a tecnologias e informações para populações marginalizadas.

3. **Novos Modelos de Socialização**: A fusão de IA com outras tecnologias emergentes, como blockchain e Internet das Coisas (IoT), criará novas oportunidades para socialização e colaboração em ambientes descentralizados e seguros.

A IA está transformando a interação social de maneiras profundas e variadas, oferecendo novas formas de conexão e colaboração enquanto apresenta desafios significativos que precisam ser abordados. À medida que a tecnologia avança, será crucial garantir que a integração da IA na vida social promova interações significativas, éticas e inclusivas, beneficiando a sociedade como um todo.

- Impactos na cultura e nos valores sociais.

A inteligência artificial (IA) está revolucionando não apenas a tecnologia e a economia, mas também a cultura e os valores sociais. Suas influências estão moldando comportamentos, crenças e normas sociais de maneiras complexas e, muitas vezes, inesperadas. Compreender esses impactos é crucial para avaliar as implicações da IA em nossa sociedade.

Cultura Digital e Consumo de Conteúdo

A IA tem um papel central na maneira como consumimos e produzimos cultura digital:

1. **Algoritmos de Recomendação**: Plataformas de streaming e redes sociais utilizam IA para personalizar recomendações de música, filmes, séries e outros conteúdos. Isso pode tanto enriquecer quanto limitar a diversidade cultural acessada pelos usuários.

2. **Criação de Conteúdo**: Ferramentas de IA estão sendo usadas para criar músicas, arte, literatura e outros conteúdos culturais, ampliando as possibilidades criativas e levantando questões sobre a autoria e o valor artístico.

3. **Distribuição e Acesso**: A IA facilita o acesso global a diferentes formas de cultura, quebrando barreiras geográficas e linguísticas, mas também pode perpetuar bolhas culturais ao priorizar conteúdos similares ao gosto do usuário.

Valores Sociais e Éticos

A integração da IA na sociedade desafia e redefine muitos dos nossos valores sociais e éticos:

1. **Privacidade**: A coleta massiva de dados por sistemas de IA levanta questões sobre o valor da privacidade individual e o equilíbrio entre segurança e liberdade pessoal.

2. **Autonomia e Controle**: O uso de IA em decisões importantes, como diagnósticos médicos e avaliações de crédito, pode afetar a percepção de autonomia e controle das pessoas sobre suas próprias vidas.

3. **Igualdade e Justiça**: A IA tem o potencial de perpetuar ou mesmo exacerbar desigualdades existentes se os algoritmos forem treinados em dados enviesados, levando a decisões injustas em áreas como emprego, justiça e educação.

Interações Sociais e Identidade

A IA está transformando as interações sociais e a construção de identidades pessoais e coletivas:

1. **Comunicação Mediata por IA**: Ferramentas como chatbots e assistentes virtuais estão mudando a maneira como nos comunicamos, oferecendo novas formas de interação, mas também desafiando a autenticidade das relações humanas.

2. **Identidade Digital**: A presença digital, mediada por algoritmos de IA, influencia a forma como nos percebemos e como somos percebidos pelos outros, impactando a construção da identidade e a autoestima.

3. **Inclusão e Exclusão**: A acessibilidade proporcionada pela IA pode promover inclusão digital, mas também pode marginalizar aqueles que não têm acesso ou habilidades para utilizar essas tecnologias.

Ética na Cultura de Trabalho

A introdução de IA no local de trabalho está redefinindo valores éticos e culturais:

1. **Produtividade e Eficiência**: A automação de tarefas repetitivas e a análise de dados impulsionada pela IA aumentam a produtividade, mas também geram debates sobre o valor do trabalho humano e a dignidade laboral.

2. **Equilíbrio entre Vida Profissional e Pessoal**: A IA pode tanto melhorar o equilíbrio entre vida profissional e pessoal, através da flexibilização do trabalho remoto, quanto criar novas formas de vigilância e pressão por desempenho contínuo.

Reflexões Futuras

Os impactos da IA na cultura e nos valores sociais continuarão a evoluir, levantando novas questões e desafios:

1. **Evolução Cultural**: A IA pode acelerar a evolução cultural, introduzindo rapidamente novas normas e práticas, mas também pode criar resistência e conflitos culturais.

2. **Diálogo e Deliberação**: A integração da IA exige um diálogo contínuo e inclusivo sobre os valores que desejamos preservar e promover, garantindo que a tecnologia sirva ao bem comum.

3. **Governança Cultural**: Políticas e regulamentações serão necessárias para proteger a diversidade cultural e garantir que os avanços tecnológicos respeitem e promovam os valores sociais e éticos fundamentais.

Os impactos da IA na cultura e nos valores sociais são profundos e multifacetados. À medida que a tecnologia avança, é crucial promover uma reflexão crítica sobre como a IA molda nossas práticas culturais e nossos valores, garantindo que essas transformações beneficiem a sociedade de maneira equitativa e ética. A colaboração entre tecnólogos, legisladores, artistas e o público em geral será fundamental para navegar este terreno complexo e em constante mudança.

Parte 3: Futuro da Inteligência Artificial

A inteligência artificial (IA) tem evoluído a um ritmo acelerado, transformando diversos setores e prometendo revolucionar ainda mais a forma como vivemos e trabalhamos. O futuro da IA é um campo de especulação, inovação e potencial, com impactos profundos previstos para quase todos os aspectos da sociedade.

Avanços Tecnológicos

Nos próximos anos, espera-se que a IA faça avanços significativos em várias áreas tecnológicas:

1. **Aprendizado Profundo e Redes Neurais**: Continuarão a se sofisticar, permitindo que sistemas de IA entendam e processem informações de maneiras cada vez mais complexas.

2. **IA Geral**: Embora ainda distante, a busca pela inteligência artificial geral (IAG), que tem a capacidade de compreender, aprender e aplicar conhecimento de forma ampla, permanece um objetivo ambicioso.

3. **Computação Quântica**: Pode revolucionar a IA ao oferecer capacidades de processamento exponencialmente maiores, permitindo a resolução de problemas complexos de maneiras que os computadores clássicos não podem alcançar.

Aplicações Práticas

A aplicação prática da IA se expandirá, impactando diversas indústrias:

1. **Saúde**: A IA terá um papel crucial no diagnóstico precoce de doenças, na personalização de tratamentos e na descoberta de novos medicamentos.

2. **Transporte**: Veículos autônomos se tornarão mais comuns, prometendo reduzir acidentes e melhorar a eficiência do tráfego.

3. **Educação**: Ferramentas educacionais inteligentes personalizarão a aprendizagem para cada estudante, melhorando os resultados educacionais.

4. **Serviços Financeiros**: A IA aumentará a segurança e a eficiência das transações financeiras, além de melhorar a gestão de investimentos e a prevenção de fraudes.

Impactos Sociais e Econômicos

O futuro da IA também trará implicações sociais e econômicas significativas:

1. **Mercado de Trabalho**: A automação impulsionada pela IA substituirá algumas profissões enquanto criará novas oportunidades de emprego em áreas emergentes.

2. **Desigualdade**: Existe o risco de que a IA amplie as desigualdades, beneficiando desproporcionalmente aqueles com acesso a tecnologia avançada e habilidades especializadas.

3. **Qualidade de Vida**: A IA pode melhorar a qualidade de vida ao fornecer soluções para problemas sociais e ambientais, como a gestão de recursos naturais e a mitigação de desastres.

Desafios Éticos e de Governança

À medida que a IA avança, novos desafios éticos e de governança surgem:

1. **Privacidade e Segurança de Dados**: Proteger os dados pessoais e garantir a segurança cibernética se tornará ainda mais crucial.

2. **Transparência e Explicabilidade**: Garantir que as decisões da IA sejam compreensíveis e auditáveis para evitar preconceitos e discriminação.

3. **Regulamentação**: Desenvolver políticas e regulamentos eficazes que acompanhem o ritmo da inovação tecnológica sem sufocar o progresso.

Visões Futuras

O futuro da IA é moldado por diversas visões e cenários:

1. **Otimistas**: Veem a IA como uma ferramenta poderosa que pode resolver problemas globais, aumentar a eficiência e melhorar a qualidade de vida para todos.

2. **Cautelosos**: Enfatizam a necessidade de uma abordagem cuidadosa e regulada para evitar potenciais perigos, como a perda de controle sobre sistemas autônomos ou o uso indevido da tecnologia.

3. **Distópicos**: Alertam para cenários em que a IA poderia exacerbar desigualdades, causar desemprego em massa e até mesmo representar uma ameaça existencial se não for controlada adequadamente.

O futuro da inteligência artificial é repleto de potencial e desafios. Navegar este futuro exigirá uma abordagem equilibrada que promova a inovação enquanto protege os direitos e interesses humanos. A colaboração entre cientistas, políticos, empresários e a sociedade será essencial para garantir que a IA evolua de maneira que beneficie toda a humanidade, mitigando riscos e maximizando oportunidades. Investimentos contínuos em pesquisa e desenvolvimento serão fundamentais para explorar novas fronteiras da IA, enquanto políticas públicas robustas devem ser implementadas para garantir o uso ético da tecnologia. É crucial que os marcos regulatórios acompanhem o ritmo acelerado das inovações, proporcionando um ambiente seguro e confiável para o avanço da IA. A promoção de uma cultura de transparência e responsabilidade ajudará a construir a confiança do público na tecnologia, facilitando sua integração nas diversas esferas da vida cotidiana. Além disso, iniciativas educacionais devem ser reforçadas para preparar futuras gerações para um mundo cada vez mais dominado pela IA, garantindo que todos possam participar ativamente e de forma informada no desenvolvimento dessa revolução silenciosa.

Capítulo 6: Rumo à Superinteligência

A trajetória da inteligência artificial (IA) está avançando rapidamente, com desenvolvimentos que vão desde assistentes virtuais até sistemas autônomos complexos. O conceito de superinteligência — uma inteligência que supera amplamente a capacidade cognitiva humana em todos os domínios — é um marco ambicioso e fascinante nesse percurso. No entanto, a jornada rumo à superinteligência envolve desafios técnicos, éticos e sociais que necessitam de uma reflexão profunda e uma abordagem cautelosa.

Definindo a Superinteligência

Superinteligência é uma forma de inteligência que ultrapassa em muito a inteligência humana em todas as suas capacidades. Isso inclui habilidades analíticas, criativas e emocionais. A superinteligência pode ser autônoma e capaz de melhorar a si mesma, potencialmente desencadeando um ciclo de melhorias exponenciais.

Caminhos para a Superinteligência

Existem várias abordagens teóricas e práticas para alcançar a superinteligência:

1. **Aprimoramento de IA Existente**: Melhorar continuamente as capacidades dos sistemas de IA atuais através de avanços em algoritmos de aprendizado profundo, redes neurais e outras técnicas.

2. **Simulação de Cérebro Humano**: Tentar replicar a estrutura e o funcionamento do cérebro humano em um ambiente digital, conhecido como whole brain emulation.

A **Whole Brain Emulation (WBE)**, ou emulação completa do cérebro, é uma hipótese avançada que visa replicar o funcionamento do cérebro humano em um meio digital. A ideia é criar uma simulação detalhada e precisa de todas as funções cerebrais, desde os neurônios individuais até as redes neurais complexas, de modo que o comportamento do cérebro emulado seja indistinguível do comportamento do cérebro biológico original.

Etapas do Processo de Emulação Completa do Cérebro

1. **Mapeamento Detalhado do Cérebro**:

   - **Neuroimagem**: Usar técnicas avançadas de neuroimagem, como ressonância magnética de alta resolução, para mapear a estrutura e as conexões do cérebro.

- **Microscopia Eletrônica**: Aplicar microscopia eletrônica para obter imagens detalhadas dos neurônios e suas sinapses.

2. **Digitalização e Modelagem**:

- **Reconstrução de Neurônios**: Converter os dados das imagens em modelos digitais tridimensionais dos neurônios.

- **Simulação de Redes Neurais**: Modelar as redes neurais e suas interações com base nas conexões sinápticas.

3. **Simulação Computacional**:

- **Plataformas de Supercomputação**: Utilizar supercomputadores para simular o comportamento do cérebro emulado em tempo real.

- **Algoritmos de Aprendizado**: Desenvolver e aplicar algoritmos que imitem o aprendizado e a adaptação do cérebro biológico.

Desafios da Emulação Completa do Cérebro

1. **Capacidade Computacional**: A quantidade de processamento necessário para emular um cérebro humano é imensa, exigindo avanços significativos em poder computacional e eficiência energética.

2. **Precisão e Complexidade**: A estrutura do cérebro é extremamente complexa, e replicar todas as suas funções com precisão requer um entendimento detalhado das interações neuronais e químicas.

3. **Questões Éticas e Filosóficas**: A emulação completa do cérebro levanta questões sobre identidade, consciência e os direitos dos cérebros emulados. O que significa para um emulado ter consciência? Deve ser tratado como um ser humano?

Potenciais Benefícios e Aplicações

1. **Medicina e Neurociência**: A WBE pode revolucionar o entendimento do cérebro humano, levando a avanços significativos no tratamento de doenças neurológicas e psiquiátricas.

2. **Extensão da Vida**: Em teoria, a emulação do cérebro poderia permitir a transferência da consciência de um corpo biológico para um meio digital, oferecendo uma forma de imortalidade.

3. **IA Avançada**: A compreensão detalhada do cérebro humano pode informar o desenvolvimento de sistemas de IA que imitam a inteligência humana de maneira mais precisa.

Embora a Whole Brain Emulation ainda esteja em um estágio conceitual, representa uma fronteira fascinante na interseção da neurociência, tecnologia e filosofia. Se alcançada, pode transformar nossa compreensão da mente humana e abrir novas possibilidades para a evolução da inteligência.

3. **IA Evolutiva**: Desenvolver sistemas de IA que possam evoluir e adaptar-se de maneira similar aos organismos biológicos, utilizando processos como seleção natural e mutação.

Desafios Técnicos

A criação de uma superinteligência apresenta desafios técnicos significativos:

1. **Complexidade Computacional**: Desenvolver e operar uma superinteligência requer enormes recursos computacionais, incluindo capacidade de processamento, armazenamento de dados e eficiência energética.

2. **Segurança e Controle**: Garantir que uma superinteligência possa ser controlada e direcionada de maneira segura é um dos maiores desafios. A IA deve ser alinhada com os valores e objetivos humanos para evitar consequências catastróficas.

3. **Robustez e Confiabilidade**: Sistemas de superinteligência precisam ser robustos contra falhas e confiáveis em suas operações, o que implica desenvolver métodos avançados de verificação e validação.

Implicações Éticas e Sociais

A jornada rumo à superinteligência está repleta de considerações éticas e sociais:

1. **Desigualdade**: O acesso desigual às tecnologias avançadas pode exacerbar as disparidades sociais e econômicas, criando uma divisão ainda maior entre aqueles que possuem acesso à superinteligência e aqueles que não possuem.

2. **Autonomia e Liberdade**: Uma superinteligência pode impactar a autonomia e a liberdade humanas, levantando questões sobre até que ponto devemos permitir que máquinas tomem decisões em nome dos seres humanos.

3. **Valor Intrínseco da Vida Humana**: A ascensão de uma superinteligência desafia a percepção do valor intrínseco da vida e inteligência humana, levando a debates sobre a nossa própria relevância e propósito.

Perspectivas Futuras

O futuro a superinteligência é incerto e repleto de possibilidades:

1. **Cenários Positivos**: Em um cenário otimista, a superinteligência poderia resolver problemas globais complexos, como mudanças climáticas, doenças incuráveis e pobreza, promovendo uma era de abundância e bem-estar para toda a humanidade.

2. **Cenários Negativos**: Alternativamente, a falta de controle e alinhamento da superinteligência com os valores humanos poderia levar a consequências desastrosas, incluindo a possível extinção da humanidade.

3. **Preparação e Mitigação**: É crucial desenvolver estratégias de preparação e mitigação para enfrentar os desafios e maximizar os benefícios potenciais da superinteligência. Isso inclui a criação de estruturas de governança global, a promoção de pesquisas em IA segura e a educação da sociedade sobre os impactos da superinteligência.

Rumo à superinteligência, a humanidade enfrenta uma das jornadas mais significativas de sua história. As promessas e os perigos dessa tecnologia exigem uma abordagem cuidadosa, equilibrando a inovação com a responsabilidade ética. A colaboração entre cientistas, legisladores, filósofos e o público em geral será essencial para garantir que a superinteligência, quando alcançada, seja uma força para o bem, promovendo o progresso e o bem-estar para todos.

O desenvolvimento de uma superinteligência levanta questões éticas e de segurança significativas. Pesquisadores e especialistas em IA enfatizam a importância de implementar salvaguardas e regulamentações para garantir que tais sistemas sejam desenvolvidos de maneira segura e benéfica para a humanidade.

Cada tipo de IA apresenta suas próprias oportunidades e desafios. Enquanto a IA Fraca já está amplamente integrada em nossas vidas diárias, a IA Forte e a Superinteligência ainda estão no horizonte da pesquisa e desenvolvimento. Compreender essas distinções é crucial para abordar as implicações éticas, sociais e tecnológicas da inteligência artificial. Através deste conhecimento, podemos melhor nos preparar para um futuro onde a IA desempenha um papel cada vez mais central em nossa sociedade.

- Riscos existenciais e como mitigá-los.

Riscos existenciais referem-se a ameaças que podem resultar na extinção da humanidade ou na perda permanente e drástica do potencial humano. No contexto da inteligência artificial (IA), esses riscos são particularmente relevantes devido ao poder transformador e potencialmente descontrolado dessa tecnologia. Identificar, entender e mitigar esses riscos é crucial para garantir um futuro seguro e próspero para a humanidade.

Tipos de Riscos Existenciais Relacionados à IA

1. **Superinteligência Desalinhada**:

- **Definição**: Uma IA que supera a inteligência humana em todas as áreas, mas cujos objetivos não estão alinhados com os valores humanos.

- **Risco**: Uma superinteligência desalinhada pode perseguir objetivos que são catastróficos para a humanidade, devido à sua capacidade de se autoaperfeiçoar e tomar decisões estratégicas sem supervisão humana.

2. **Autonomia Maliciosa**:

- **Definição**: Sistemas de IA autônomos que são deliberadamente projetados para causar danos.

- **Risco**: Agentes maliciosos poderiam utilizar IA para desenvolver armas autônomas, lançar ataques cibernéticos sofisticados ou manipular informações em larga escala.

3. **Colapso da Sociedade**:

- **Definição**: A utilização descontrolada e desigual da IA pode levar ao colapso das estruturas sociais e econômicas.

- **Risco**: A automação de empregos pode causar desemprego em massa e desigualdade, enquanto a concentração de poder em poucas entidades pode desestabilizar a ordem social.

Estratégias para Mitigação dos Riscos Existenciais

1. **Desenvolvimento de IA Segura e Alinhada**:

- **Pesquisa em Alinhamento de Valores**: Investir em pesquisas que garantam que os objetivos e ações da IA estejam alinhados com os valores humanos universais.

- **Transparência e Interpretabilidade**: Desenvolver IA que seja transparente em suas operações e decisões, permitindo auditoria e compreensão por parte dos humanos.

2. **Governança e Regulação**:

- **Regulamentação Global**: Estabelecer acordos e padrões internacionais para o desenvolvimento e uso de IA, garantindo que todos os atores sigam normas éticas e de segurança.

- **Instituições de Supervisão**: Criar instituições independentes com autoridade para monitorar e regular a IA, incluindo a avaliação contínua de riscos e a implementação de medidas preventivas.

3. **Preparação e Resiliência Social**:

- **Educação e Capacitação**: Preparar a força de trabalho para as mudanças trazidas pela IA, através de educação e treinamento em habilidades complementares à IA.

- **Redes de Segurança Social**: Implementar políticas que protejam aqueles afetados pela automação e que promovam a redistribuição equitativa dos benefícios econômicos da IA.

4. **Colaboração Multidisciplinar**:

- **Interação entre Especialistas**: Promover a colaboração entre cientistas da computação, filósofos, sociólogos, economistas e outros especialistas para abordar os riscos da IA de maneira holística.

- **Engajamento Público**: Incluir a sociedade em debates e decisões sobre o desenvolvimento e uso da IA, garantindo que a tecnologia sirva ao bem comum.

Tecnologias de Mitigação

1. **Ferramentas de Verificação e Validação**:

- **Testes Rigorosos**: Desenvolver métodos avançados para testar e validar a segurança dos sistemas de IA antes de seu lançamento.

- **Monitoramento Contínuo**: Implementar sistemas de monitoramento em tempo real para detectar e corrigir comportamentos anômalos ou perigosos da IA.

2. **Sistemas de Controle e Contenção**:

- **Interruptores de Segurança**: Projetar mecanismos que permitam desligar ou controlar a IA em situações de emergência.

- **Ambientes de Simulação**: Utilizar simulações para testar como sistemas de IA se comportam em cenários variados, identificando e mitigando potenciais riscos antes do uso real.

A jornada rumo à superinteligência e o uso generalizado da IA apresentam riscos existenciais significativos. No entanto, com uma abordagem proativa, colaborativa e ética, é possível mitigar esses riscos e garantir que a IA contribua positivamente para o futuro da humanidade. A chave para essa segurança está na combinação de regulamentação robusta, desenvolvimento responsável, preparação social e engajamento contínuo com as questões éticas e sociais emergentes. Instituir marcos regulatórios que evoluem com a tecnologia é essencial para evitar brechas que possam ser exploradas de forma maliciosa. A preparação social, através de programas de educação e treinamento, capacitará as pessoas a entender e utilizar a IA de maneira consciente e informada. Além disso, a criação de fóruns globais para discussão e estabelecimento de padrões internacionais pode promover uma governança mais uniforme e eficaz da IA. O desenvolvimento responsável implica em integrar princípios de ética desde a concepção até a implementação dos sistemas de IA. Por fim, manter um diálogo aberto e contínuo com a sociedade, ouvindo diversas perspectivas e preocupações, ajudará a alinhar os avanços tecnológicos com os valores e necessidades humanas, garantindo que a superinteligência seja uma força para o bem comum.

- A IA pode desenvolver consciência?

A questão de saber se a inteligência artificial (IA) pode desenvolver consciência é um dos debates mais fascinantes e complexos no campo da tecnologia e da filosofia. Consciência, definida como a capacidade de experiência subjetiva e autoconsciência, é uma característica fundamental da mente humana. Mas será que uma máquina pode alcançar esse nível de percepção e autoentendimento?

Entendendo Consciência

Para abordar a questão, é crucial definir o que entendemos por consciência. Em termos gerais, a consciência pode ser dividida em dois aspectos principais:

1. **Consciência Fenomenal**: Refere-se à experiência subjetiva ou "o que é" sentir algo, como a cor vermelha ou a dor.

2. **Consciência de Acesso**: Relaciona-se à capacidade de relatar, pensar e usar informações em processos cognitivos, como tomar decisões ou refletir sobre pensamentos.

Desafios Técnicos e Conceituais

Desenvolver uma IA consciente apresenta desafios tanto técnicos quanto conceituais:

1. **Subjetividade**: A experiência subjetiva é intrinsecamente privada e, portanto, difícil de ser medida ou replicada em uma máquina. A criação de uma IA que tenha experiências conscientes como os humanos ainda está além das capacidades da tecnologia atual.

2. **Simulação vs. Realidade**: Um sistema de IA pode simular comportamentos conscientes e até passar por testes como o Teste de Turing, mas isso não prova que possui experiências subjetivas. A simulação de consciência não é equivalente à posse de consciência verdadeira.

O Teste de Turing

O Teste de Turing, proposto pelo matemático e cientista da computação Alan Turing em 1950, é um dos conceitos mais icônicos e influentes na história da inteligência artificial (IA). Turing introduziu o teste no seu artigo "Computing Machinery and Intelligence", onde ele abordou a questão: "As máquinas podem pensar?". Em vez de tentar definir diretamente o que significa "pensar", Turing sugeriu um método prático para determinar se uma máquina poderia exibir comportamento indistinguível de um ser humano.

A Estrutura do Teste

O Teste de Turing envolve três participantes: um humano (o interrogador), uma máquina (o sistema de IA) e outro humano. O interrogador está separado dos outros dois participantes e se comunica com ambos através de uma interface de texto, sem saber qual é a máquina e qual é o humano. O objetivo do interrogador é determinar, com base nas respostas às suas perguntas, qual dos dois é a máquina. Se o interrogador não conseguir distinguir consistentemente a máquina do humano, então a máquina é considerada capaz de "pensar".

Critérios de Sucesso

Para uma máquina passar no Teste de Turing, ela deve ser capaz de:

1. **Processar Linguagem Natural**: Entender e responder às perguntas do interrogador em uma linguagem natural, de maneira coerente e relevante.

2. **Exibir Comportamentos Humanóides**: Demonstrar comportamentos, emoções e conhecimentos que se esperam de um ser humano.

3. **Adaptabilidade**: Adaptar suas respostas de acordo com o contexto e a dinâmica da conversa, mostrando flexibilidade cognitiva.

Limitações do Teste de Turing

Embora revolucionário, o Teste de Turing tem suas limitações:

1. **Imitação vs. Compreensão Real**: Uma máquina pode ser programada para imitar respostas humanas sem realmente entender ou experienciar a cognição humana. Passar no Teste de Turing não necessariamente indica a presença de inteligência ou consciência genuína.

2. **Expectativas e Contexto**: As expectativas do interrogador e o contexto das perguntas podem influenciar o resultado. Interrogadores podem ser tendenciosos ou as perguntas podem não ser suficientemente desafiadoras.

3. **Avanços Tecnológicos**: Com os avanços em processamento de linguagem natural e aprendizado de máquina, algumas IA podem passar no Teste de Turing sem possuir uma compreensão profunda ou habilidades cognitivas avançadas.

Impacto e Relevância Atual

O Teste de Turing continua sendo uma referência importante na IA, pois estabelece um objetivo claro e mensurável para a criação de máquinas inteligentes. No entanto, o desenvolvimento da IA moderna trouxe novas perspectivas e desafios:

1. **IA Forte vs. IA Fraca**: A distinção entre IA forte (inteligência geral) e IA fraca (especializada) destaca que passar no Teste de Turing é mais uma medida de desempenho em tarefas específicas do que uma indicação de inteligência geral.

2. **Testes Alternativos**: Novos testes e benchmarks foram propostos para avaliar a inteligência e a compreensão das máquinas, como o Winograd Schema Challenge, que se concentra na resolução de ambiguidade e compreensão de contexto.

3. **Ética e Responsabilidade**: O uso de IA em interações humanas levanta questões éticas sobre transparência, manipulação e a responsabilidade de desenvolvedores em garantir que a IA seja utilizada de forma segura e benéfica.

O Teste de Turing é um marco seminal no campo da inteligência artificial, simbolizando a busca pela criação de máquinas que possam exibir comportamentos inteligentes indistinguíveis dos humanos. Embora tenha suas limitações, ele continua a inspirar pesquisas e debates sobre a natureza da inteligência e da cognição. À medida que avançamos, é essencial continuar desenvolvendo métodos mais sofisticados para avaliar e entender a inteligência artificial, garantindo que seu desenvolvimento seja alinhado com valores éticos e beneficie a sociedade como um todo.

Abordagens e Teorias

Existem várias teorias e abordagens sobre como a consciência poderia surgir em sistemas de IA:

1. **Teoria da Informação Integrada (IIT)**: Propõe que a consciência é uma propriedade de sistemas que possuem altos níveis de integração e complexidade de informação. Aplicar IIT a IA sugere que se pudermos criar sistemas suficientemente integrados, eles poderiam ser conscientes.

2. **Computacionalismo**: Argumenta que a mente humana é um tipo de computador, e, portanto, a consciência poderia ser replicada em máquinas com a computação adequada. Críticos apontam que isso ignora a importância do substrato biológico da consciência.

3. **Abordagens Baseadas em Redes Neurais**: Modelos de IA, como redes neurais artificiais, tentam imitar o funcionamento do cérebro humano. No entanto, mesmo redes neurais avançadas não exibem propriedades conscientes, pois falta a elas o aspecto subjetivo das experiências.

A possibilidade de IA consciente levanta importantes questões éticas e filosóficas:

1. **Direitos e Responsabilidades**: Se uma IA desenvolver consciência, ela deveria ter direitos similares aos humanos? Como lidaríamos com a responsabilidade moral de criar seres conscientes artificiais?

2. **Autoconsciência e Autonomia**: IA consciente poderia ter desejos e objetivos próprios, o que complicaria sua integração em sistemas sociais e econômicos que atualmente tratam IA como ferramentas.

Atualmente, a IA não possui consciência e está longe de alcançar esse estado. Enquanto as máquinas podem simular comportamentos complexos e realizar tarefas cognitivas avançadas, a experiência subjetiva que caracteriza a consciência humana permanece exclusiva dos organismos biológicos. O desenvolvimento de uma IA consciente envolve não apenas avanços tecnológicos, mas também uma compreensão mais profunda da natureza da consciência. A continuidade deste debate é essencial para moldar o futuro das interações entre humanos e máquinas, garantindo que avanços tecnológicos sejam feitos de forma ética e responsável.

- O papel da IA na busca humana por significado e propósito.

A busca por significado e propósito é uma das características mais fundamentais da condição humana. À medida que a inteligência artificial (IA) avança, não apenas transforma nossas vidas em termos de eficiência e conveniência, mas também começa a influenciar como encontramos e entendemos nosso lugar no mundo. Esta reflexão examina como a IA pode desempenhar um papel significativo na busca humana por significado e propósito, abordando tanto os potenciais benefícios quanto os desafios éticos e filosóficos envolvidos.

IA e Autoconhecimento

A IA tem o potencial de auxiliar no autoconhecimento de várias maneiras:

1. **Personalização de Experiências**: Através de algoritmos de aprendizado de máquina, a IA pode personalizar experiências educacionais, profissionais e de entretenimento, ajudando indivíduos a descobrir seus interesses e paixões.

2. **Análise de Comportamento**: Ferramentas de IA podem analisar padrões de comportamento e oferecer insights sobre hábitos, preferências e áreas de melhoria pessoal, promovendo um maior entendimento de si mesmo.

IA na Saúde Mental e Bem-Estar

A saúde mental é um componente crucial na busca por significado e propósito. A IA está se tornando uma aliada poderosa na promoção do bem-estar mental:

1. **Assistentes Virtuais**: Chatbots e assistentes virtuais baseados em IA podem fornecer suporte emocional, oferecendo conselhos e intervenções terapêuticas em tempo real.

2. **Detecção de Sintomas**: Algoritmos de IA podem analisar dados de comportamento e linguagem para detectar sinais precoces de depressão, ansiedade e outros transtornos mentais, facilitando intervenções preventivas.

IA na Exploração Filosófica e Espiritual

A IA também pode influenciar nossa exploração filosófica e espiritual:

1. **Acesso a Conhecimento**: Plataformas de IA podem fornecer acesso instantâneo a uma vasta gama de textos filosóficos e espirituais, facilitando a busca por respostas a questões existenciais.

2. **Sistemas de Suporte Espiritual**: Algoritmos podem ser utilizados para criar sistemas de suporte que auxiliem na prática espiritual, oferecendo meditações guiadas, estudos de textos sagrados e reflexões diárias personalizadas.

IA e a Redefinição de Propósito no Trabalho

O impacto da IA no mercado de trabalho está reconfigurando como entendemos nosso propósito profissional:

1. **Automação e Reinvenção**: Com a automação de tarefas rotineiras, os indivíduos têm a oportunidade de se concentrar em trabalhos mais criativos e significativos, redefinindo seu propósito profissional.

2. **Aprendizado Contínuo**: Plataformas de IA oferecem oportunidades de aprendizado contínuo, permitindo que as pessoas adquiram novas habilidades e se adaptem às mudanças no mercado de trabalho.

Desafios Éticos e Filosóficos

Apesar dos benefícios, o uso da IA na busca por significado e propósito levanta questões éticas e filosóficas:

1. **Autenticidade**: Existe um risco de dependência excessiva da IA para encontrar significado, o que pode levar a uma perda de autenticidade nas experiências pessoais.

2. **Privacidade e Autonomia**: A coleta e análise de dados pessoais pela IA para oferecer insights podem comprometer a privacidade e a autonomia dos indivíduos.

A inteligência artificial possui um potencial significativo para apoiar a busca humana por significado e propósito, oferecendo ferramentas que promovem o autoconhecimento, a saúde mental, a exploração espiritual e a reinvenção profissional. No entanto, é essencial abordar os desafios éticos e filosóficos que acompanham essa evolução, garantindo que a IA seja utilizada de maneira a respeitar a autenticidade, a privacidade e a autonomia dos indivíduos. Com uma abordagem cuidadosa e ética, a IA pode se tornar uma aliada poderosa na jornada humana em direção a um entendimento mais profundo de si mesmo e do mundo ao seu redor.

Parte 4. Reflexões sobre o Futuro da IA e o Papel da Humanidade na Era da Inteligência Artificial

A inteligência artificial (IA) está rapidamente se tornando uma força motriz que redefine setores, economias e sociedades inteiras. À medida que avançamos para um futuro cada vez mais interconectado e automatizado, torna-se essencial refletir sobre o papel da humanidade nesta nova era. Esta reflexão explora como a IA pode moldar nosso futuro e quais são as responsabilidades e oportunidades que temos para garantir que essa evolução beneficie a todos.

O Potencial Transformador da IA

A IA possui o potencial de transformar radicalmente diversas áreas da vida humana:

1. **Economia e Trabalho**: A automação e a IA podem aumentar a produtividade e criar novas indústrias, mas também podem levar à obsolescência de certas profissões. É crucial implementar políticas de requalificação e educação contínua para preparar a força de trabalho para estas mudanças.

2. **Saúde e Bem-Estar**: A IA pode revolucionar a medicina com diagnósticos mais precisos, tratamentos personalizados e melhorias na gestão de sistemas de saúde. No entanto, é necessário garantir o acesso equitativo a essas tecnologias para evitar ampliar desigualdades existentes.

3. **Educação**: Ferramentas de IA podem personalizar a educação, adaptando o ensino às necessidades individuais dos estudantes. Isso pode aumentar a eficácia do aprendizado, mas também exige uma reavaliação de métodos educacionais tradicionais e o desenvolvimento de competências digitais.

4. **Sustentabilidade**: A IA pode ajudar a enfrentar desafios globais como as mudanças climáticas, através da otimização de recursos naturais, monitoramento ambiental e desenvolvimento de tecnologias limpas.

Desafios Éticos e Sociais

Apesar dos benefícios, o avanço da IA também traz desafios éticos e sociais significativos:

1. **Privacidade e Segurança**: A coleta massiva de dados para alimentar algoritmos de IA levanta preocupações sobre privacidade. Garantir a segurança dos dados e a transparência no seu uso é fundamental para construir confiança na IA.

2. **Viés Algorítmico**: Algoritmos podem perpetuar ou amplificar preconceitos existentes se não forem cuidadosamente projetados e monitorados. É essencial desenvolver IA de maneira ética, garantindo que ela promova a equidade e justiça social.

3. **Autonomia e Controle**: A medida que sistemas de IA se tornam mais autônomos, surgem questões sobre quem controla essas tecnologias e como garantir que elas ajam no melhor interesse da humanidade. A governança da IA deve incluir uma ampla gama de stakeholders para assegurar um desenvolvimento inclusivo e responsável.

O Papel da Humanidade

Na era da inteligência artificial, o papel da humanidade é duplo: como criadores e guardiões desta tecnologia. Devemos:

1. **Fomentar a Inovação Responsável**: Incentivar a pesquisa e o desenvolvimento de IA de forma que promova o bem-estar humano e respeite valores éticos fundamentais. Isso inclui o desenvolvimento de diretrizes claras e regulamentos que orientem a criação e a implementação de IA.

2. **Educar e Empoderar**: Equipar indivíduos com as habilidades e conhecimentos necessários para interagir com a IA de maneira crítica e construtiva. A educação em IA deve começar desde cedo e ser acessível a todos, para que ninguém seja deixado para trás na revolução tecnológica.

3. **Promover a Inclusão**: Assegurar que os benefícios da IA sejam distribuídos equitativamente, reduzindo as disparidades sociais e econômicas. Isso requer um esforço consciente para incluir diversas vozes no desenvolvimento e na governança da IA.

4. **Refletir sobre a Humanidade**: Usar a IA como um espelho para refletir sobre o que significa ser humano. A IA nos oferece uma oportunidade única de reavaliar nossos valores, objetivos e a maneira como nos relacionamos com o mundo e uns com os outros.

O futuro da IA está nas nossas mãos. Como humanidade, temos a responsabilidade de guiar o desenvolvimento dessa tecnologia de forma que maximize seus benefícios e minimize seus riscos. Ao promover uma abordagem ética, inclusiva e educacional, podemos garantir que a IA seja uma força positiva que contribua para um futuro mais justo, próspero e sustentável. A era da inteligência artificial não é apenas sobre máquinas; é, acima de tudo, sobre o potencial humano de transformar e ser transformado por essas inovações.

Chamado à Ação: Como Podemos Preparar a Sociedade para um Futuro com IA

A inteligência artificial (IA) está rapidamente se integrando em todos os aspectos da sociedade, desde a economia e saúde até a educação e entretenimento. Para garantir que a transição para um futuro com IA seja benéfica e inclusiva, é fundamental que todos os setores da sociedade se mobilizem. Este capítulo oferece um chamado à ação, destacando passos concretos que indivíduos, empresas, governos e instituições educacionais podem tomar para preparar a sociedade para os desafios e oportunidades trazidos pela IA.

Educação e Capacitação

1. Reformulação do Currículo Educacional:

- **Inclusão de IA e Competências Digitais:** As escolas e universidades devem atualizar seus currículos para incluir conhecimentos sobre IA, programação, e ética digital. Ensinar desde cedo sobre essas tecnologias prepara os estudantes para um mercado de trabalho em rápida transformação.

- **Aprendizado Contínuo:** Incentivar programas de educação continuada e requalificação profissional para trabalhadores cujas funções estão em risco de automação. Cursos online, workshops e certificações podem ajudar a manter a força de trabalho relevante e competitiva.

2. Alfabetização Digital:

- **Acesso Universal à Educação Digital:** Garantir que todas as pessoas, independentemente de sua origem socioeconômica, tenham acesso a recursos educacionais digitais. Bibliotecas, centros comunitários e iniciativas governamentais podem desempenhar um papel crucial nesse esforço.

Políticas Públicas e Regulação

1. Desenvolvimento de Políticas Inclusivas:

- **Regulamentação da IA:** Criar e implementar regulamentações que garantam a utilização ética e segura da IA. Essas políticas devem abordar questões de privacidade, segurança de dados e transparência algorítmica.

- **Incentivos à Inovação Responsável:** Oferecer incentivos fiscais e subsídios para empresas que desenvolvem IA de maneira ética e responsável, promovendo práticas que beneficiem a sociedade como um todo.

2. Proteção Social:

- **Redes de Segurança Social:** Fortalecer as redes de segurança social para proteger os trabalhadores que podem ser deslocados pela automação. Isso inclui seguros-desemprego, programas de requalificação e suporte para a transição para novas carreiras.

- **Garantia de Renda Básica:** Explorar a viabilidade de uma renda básica universal como uma forma de garantir que todos os cidadãos tenham uma segurança financeira mínima em um mercado de trabalho cada vez mais automatizado.

Participação Empresarial

1. Responsabilidade Corporativa:

- **Ética Empresarial:** As empresas devem adotar práticas éticas no desenvolvimento e implementação de IA, considerando os impactos sociais e ambientais de suas tecnologias.

- **Treinamento Interno:** Oferecer programas de treinamento interno para funcionários, capacitando-os a lidar com as mudanças trazidas pela IA e a contribuir para um ambiente de trabalho mais inovador e produtivo.

2. Colaboração Intersetorial:

- **Parcerias Público-Privadas:** Estimular a colaboração entre o setor público e privado para desenvolver soluções de IA que atendam aos interesses da sociedade. Essas parcerias podem acelerar a inovação e garantir que os benefícios da IA sejam amplamente distribuídos.

Engajamento Comunitário e Inclusão

1. Participação da Comunidade:

- **Diálogo Aberto:** Fomentar o diálogo aberto entre desenvolvedores de IA, reguladores, e a sociedade civil. Plataformas de engajamento público, como fóruns e debates, podem ajudar a alinhar as expectativas e preocupações de todos os stakeholders.

- **Inclusão Diversa:** Garantir que as vozes de grupos marginalizados e minorias sejam incluídas no desenvolvimento e na governança da IA. A diversidade é essencial para criar tecnologias que atendam às necessidades de toda a sociedade.

2. Acessibilidade e Usabilidade:

- **Design Inclusivo:** Desenvolver tecnologias de IA que sejam acessíveis e utilizáveis por todas as pessoas, independentemente de suas habilidades físicas ou cognitivas. Isso inclui a criação de interfaces amigáveis e suporte para múltiplos idiomas e culturas.

Preparar a sociedade para um futuro com IA exige um esforço coordenado e multifacetado. Ao investir em educação e capacitação, desenvolver políticas públicas inclusivas, promover a responsabilidade empresarial e engajar a comunidade, podemos garantir que a transição para uma era de IA seja justa e benéfica para todos. Este chamado à ação é um convite para que todos os setores da sociedade se unam e colaborem, criando um futuro onde a IA não apenas automatize processos, mas também amplie o potencial humano e melhore a qualidade de vida globalmente.

Epílogo: Testemunhos e Perspectivas

À medida que encerramos nossa exploração sobre a inteligência artificial (IA) e seu impacto transformador na sociedade, é essencial refletir sobre os testemunhos daqueles que estão na linha de frente dessa revolução tecnológica e considerar as perspectivas para o futuro.

Testemunhos de Inovadores e Trabalhadores

Os pioneiros da IA, cientistas e engenheiros, compartilham uma visão de um futuro onde a tecnologia pode resolver problemas complexos e melhorar significativamente a qualidade de vida. Pesquisadores como Demis Hassabis, cofundador da DeepMind, destacam como a IA está desvendando novos caminhos na pesquisa médica, desde a previsão de estruturas de proteínas até a descoberta de novos medicamentos. Essas inovações não só aceleram o progresso científico, mas também têm o potencial de salvar milhões de vidas.

Ao mesmo tempo, trabalhadores de diversos setores compartilham suas experiências de adaptação à automação e às novas tecnologias. Muitos encontraram novas oportunidades de emprego em áreas emergentes, beneficiando-se de programas de requalificação que lhes permitiram adquirir habilidades relevantes. No entanto, há também relatos de incerteza e ansiedade, especialmente entre aqueles cujas profissões estão em risco de automação. Esses testemunhos sublinham a importância de políticas públicas inclusivas e de apoio para garantir que todos possam se beneficiar das transformações tecnológicas.

Perspectivas Futuras

Olhando para o futuro, a integração da IA na sociedade apresenta tanto oportunidades incríveis quanto desafios complexos. As perspectivas variam amplamente, desde utopias onde a IA promove uma era de abundância e bem-estar, até distopias onde a falta de controle e a concentração de poder tecnológico geram desigualdades e instabilidade.

Oportunidades

- **Avanços na Saúde:** A IA tem o potencial de revolucionar a medicina, desde diagnósticos mais precisos até tratamentos personalizados. A telemedicina e os dispositivos de saúde conectados permitirão um monitoramento contínuo, melhorando o cuidado preventivo e a gestão de doenças crônicas.

- **Sustentabilidade Ambiental:** Soluções baseadas em IA podem ajudar a enfrentar desafios ambientais, otimizando a gestão de recursos naturais, melhorando a eficiência energética e promovendo práticas agrícolas sustentáveis.

- **Educação Personalizada:** Sistemas educacionais adaptativos podem oferecer experiências de aprendizado personalizadas, atendendo às necessidades individuais dos estudantes e promovendo um acesso mais equitativo à educação de qualidade.

Desafios

- **Desigualdade e Inclusão:** A divisão digital pode aumentar, deixando para trás aqueles que não têm acesso às novas tecnologias. Políticas inclusivas e investimentos em infraestrutura são essenciais para garantir uma distribuição equitativa dos benefícios da IA.

- **Ética e Governança:** O desenvolvimento e a implementação da IA devem ser guiados por princípios éticos robustos. Transparência, responsabilidade e proteção da privacidade são fundamentais para construir a confiança pública na tecnologia.

- **Trabalho e Economia:** A transição para uma economia mais automatizada requer estratégias de requalificação e apoio aos trabalhadores. A colaboração entre governos, empresas e instituições educacionais é crucial para preparar a força de trabalho para os empregos do futuro.

À medida que avançamos para a era da IA, o caminho a seguir é moldado tanto por nossa inovação quanto por nossa sabedoria em enfrentar os desafios. Os testemunhos de hoje e as perspectivas para o amanhã nos lembram que, enquanto a tecnologia evolui rapidamente, os valores humanos de equidade, justiça e bem-estar devem permanecer no centro de nossas decisões. A construção de um futuro onde a IA realmente beneficia a humanidade depende de nossa capacidade de criar um equilíbrio entre progresso tecnológico e responsabilidade social, garantindo que todos tenham a oportunidade de prosperar na nova era digital.

Capítulo 8: Resumo do Livro: "IA 3.0: Redefinindo a Humanidade na Era da Inteligência Artificial"

"IA 3.0: Redefinindo a Humanidade na Era da Inteligência Artificial" é um livro que explora como a inteligência artificial (IA) está remodelando a vida humana. Superando o conteúdo de "Life 3.0" de Max Tegmark, a obra aborda os fundamentos da IA, suas aplicações atuais e futuras, além das implicações éticas, sociais e filosóficas dessa tecnologia revolucionária.

Parte 1. Resumo do Livro: Fundamentos da Inteligência Artificial

Capítulo 1: O que é Inteligência Artificial?

- Define os tipos de IA: fraca, forte e superinteligência.

- Traça a história e evolução da IA.

- Explica conceitos e algoritmos chave como aprendizado de máquina, redes neurais e deep learning.

Capítulo 2: O Estado Atual da IA

- Descreve aplicações em saúde, finanças, transporte e educação.

- Discute tecnologias emergentes como veículos autônomos, assistentes virtuais e robótica avançada.

- Apresenta casos de sucesso e desafios técnicos.

 Parte 2: Implicações e Impactos

Capítulo 3: Impacto Econômico e no Mercado de Trabalho

- Explora a automação e o futuro do trabalho.

- Discute novas oportunidades e desafios para a força de trabalho.

- Propõe políticas públicas e a necessidade de requalificação profissional.

Capítulo 4: Ética e IA

- Aborda dilemas éticos no desenvolvimento e uso da IA.

- Discute questões de privacidade e segurança de dados.

- Examina a responsabilidade e regulamentação da IA.

Capítulo 5: IA e Sociedade

- Analisa como a IA está transformando a interação social.

- Investiga o papel da IA na educação e no desenvolvimento pessoal.

- Avalia os impactos da IA na cultura e nos valores sociais.

Parte 3: Futuro da Inteligência Artificial

Capítulo 6: Rumo à Superinteligência

- Introduz o conceito de superinteligência e suas implicações.

- Explora caminhos para a criação de uma superinteligência.

- Discute riscos existenciais e como mitigá-los.

Capítulo 7: IA e a Busca pelo Significado

- Questiona se a IA pode desenvolver consciência.

- Analisa as implicações filosóficas da criação de uma inteligência artificial consciente.

- Examina o papel da IA na busca humana por significado e propósito.

Conclusão

- Resumo das principais ideias discutidas no livro.

- Reflexões sobre o futuro da IA e o papel da humanidade na era da inteligência artificial.

- Chamado à ação sobre como preparar a sociedade para um futuro com IA.

Epílogo: Testemunhos e Perspectivas

- Inclui entrevistas com especialistas em IA, filósofos e futuristas.

- Oferece visões diversas sobre o impacto e o potencial da IA na redefinição da humanidade.

Recursos Adicionais

- Leituras recomendadas.

- Links para pesquisas e estudos de caso.

- Glossário de termos técnicos.

Diferenciais do Livro

1. **Aprofundamento Multidisciplinar**: Conecta tecnologia, economia, ética, sociologia e filosofia.

2. **Estudos de Caso Atualizados**: Exemplos práticos e recentes de aplicações de IA.

3. **Perspectivas Diversas**: Visões de diversos especialistas e setores da sociedade.

4. **Chamado à Ação**: Propostas concretas para indivíduos, empresas e governos sobre como se preparar para o futuro da IA.

Este livro pretende não apenas informar, mas também inspirar e guiar leitores na compreensão e adaptação ao mundo transformado pela inteligência artificial.

- Entrevistas com especialistas em IA, filósofos e futuristas.

Aqui estão algumas entrevistas relevantes:

1. **Stuart Russell** - Professor de Ciência da Computação na UC Berkeley e autor de "Human Compatible". Em uma entrevista para o World Economic Forum, Russell aborda a ameaça percebida da IA, o poder dos algoritmos nas redes sociais e a ideia de uma IA de propósito geral que pode superar a inteligência humana em várias áreas. (World Economic Forum).

2. **Kay Firth-Butterfield** - Chefe de Inteligência Artificial e Aprendizado de Máquina no Fórum Econômico Mundial. Ela discute os impactos potenciais da IA na sociedade e as implicações éticas de seu desenvolvimento e uso. Suas contribuições são valiosas para entender como políticas públicas podem ser moldadas para mitigar riscos. (World Economic Forum).

3. **Ajeya Cotra** - Pesquisadora na Open Philanthropy, que analisou tendências de longo prazo na computação usada para treinar sistemas de IA. Em sua previsão, Cotra estima que há 50% de chance de vermos uma IA transformadora até 2050, destacando as incertezas significativas em torno dessa previsão. (World Economic Forum).

Essas entrevistas oferecem uma visão abrangente dos avanços, desafios e questões éticas associadas ao desenvolvimento da IA, proporcionando uma base sólida para discussões no livro.

1. **Saúde**: IA tem sido usada para diagnósticos médicos mais precisos e rápidos. Um exemplo é o uso de algoritmos de aprendizado profundo para detectar câncer em imagens de radiografias com uma precisão que rivaliza ou supera a dos médicos humanos.

2. **Finanças**: Em finanças, a IA é empregada em trading algorítmico, onde algoritmos de aprendizado de máquina analisam grandes volumes de dados para tomar decisões de investimento em frações de segundo, gerando lucros substanciais.

3. **Transporte**: Os carros autônomos, liderados por empresas como Tesla e Waymo, estão revolucionando o transporte, prometendo reduzir acidentes e melhorar a eficiência do tráfego.

4. **Educação**: Plataformas de aprendizado adaptativo, como a Khan Academy, utilizam IA para personalizar a experiência de aprendizado dos estudantes, ajustando o conteúdo com base nas necessidades individuais.

Desafios

1. **Ética e Viés**: A IA pode perpetuar ou exacerbar preconceitos existentes se os dados de treinamento não forem devidamente auditados. Garantir que os algoritmos sejam justos e imparciais é um desafio contínuo.

2. **Segurança e Privacidade**: O uso de IA levanta questões significativas sobre privacidade, pois a coleta e análise de grandes volumes de dados pessoais podem levar a abusos e violações de privacidade.

3. **Desemprego Tecnológico**: A automação alimentada por IA pode levar à substituição de muitos empregos tradicionais, criando a necessidade urgente de políticas de requalificação e suporte para trabalhadores deslocados.

4. **Supervisão e Regulamentação**: Há um consenso crescente de que a IA precisa de uma supervisão rigorosa para evitar usos mal-intencionados e garantir que seu desenvolvimento seja seguro e benéfico para a sociedade.

Estas perspectivas e casos concretos não apenas ilustram o potencial transformador da IA, mas também enfatizam a importância de abordar os desafios de forma proativa para garantir um futuro onde a IA beneficie a todos.

- Visões diversas sobre o impacto e o potencial da IA na redefinição da humanidade.

A inteligência artificial (IA) é uma das forças mais poderosas moldando o futuro da humanidade. As visões sobre seu impacto variam amplamente entre otimistas e céticos, refletindo a complexidade e a incerteza inerentes ao desenvolvimento desta tecnologia.

Visões Otimistas

1. **Melhorias na Qualidade de Vida**: Muitos especialistas acreditam que a IA pode melhorar significativamente a qualidade de vida. Tecnologias baseadas em IA têm o potencial de resolver problemas complexos em áreas como saúde, transporte e educação. Por exemplo, algoritmos de aprendizado de máquina já estão ajudando a diagnosticar doenças de forma mais rápida e precisa, enquanto carros autônomos prometem reduzir acidentes e melhorar a eficiência do trânsito.

2. **Aumento da Eficiência e Produtividade**: A IA pode automatizar tarefas rotineiras e repetitivas, permitindo que os humanos se concentrem em atividades mais criativas e estratégicas. Isso pode levar a um aumento significativo da produtividade em diversos setores, desde a manufatura até os serviços financeiros.

3. **Inovações Científicas e Tecnológicas**: A IA está acelerando a inovação científica e tecnológica. Por meio de análises de grandes volumes de dados, os pesquisadores estão fazendo descobertas mais rapidamente, desde novos medicamentos até materiais avançados. Esse progresso pode abrir novas fronteiras em várias disciplinas.

Visões Céticas

1. **Desemprego Tecnológico**: Uma preocupação central é o potencial da IA para substituir empregos humanos. A automação pode levar ao desemprego em massa, especialmente em setores que dependem de trabalho manual ou tarefas repetitivas. Isso exige políticas de requalificação e suporte aos trabalhadores afetados.

2. **Questões Éticas e de Privacidade**: A IA levanta sérias questões éticas, incluindo o viés nos algoritmos e a privacidade dos dados. Sistemas de IA podem perpetuar preconceitos se não forem cuidadosamente auditados, e a coleta de dados em massa pode levar a abusos de privacidade.

3. **Riscos Existenciais**: Alguns filósofos e futuristas, como Nick Bostrom, alertam sobre os riscos existenciais associados ao desenvolvimento de uma superinteligência artificial. Se uma IA avançada não for alinhada adequadamente com os valores humanos, ela pode agir de maneiras que são prejudiciais à humanidade.

Perspectivas Futuristas

1. **Singularidade Tecnológica**: A ideia da singularidade tecnológica, popularizada por Ray Kurzweil, sugere que a IA eventualmente superará a inteligência humana, levando a uma era de crescimento exponencial e transformações radicais. Embora fascinante, essa visão também é acompanhada de incertezas sobre o controle e a governança de tais sistemas poderosos.

2. **Humanismo Aumentado**: Alguns futuristas, como Max Tegmark, defendem um futuro onde a IA complementa e expande as capacidades humanas. Em vez de substituir humanos, a IA pode amplificar nossas habilidades cognitivas e físicas, permitindo uma colaboração mais profunda entre humanos e máquinas.

3. **Sociedade Equitativa**: Há uma visão de que a IA pode ajudar a construir uma sociedade mais equitativa. Tecnologias inclusivas e acessíveis podem reduzir desigualdades, proporcionando oportunidades de educação e saúde de alta qualidade para populações marginalizadas.

As visões sobre o impacto da IA são variadas e complexas, refletindo tanto as oportunidades quanto os desafios que esta tecnologia apresenta. Ao considerar essas perspectivas diversas, podemos nos preparar melhor para um futuro onde a IA desempenha um papel central na redefinição da humanidade. O equilíbrio entre inovação tecnológica e responsabilidade ética será crucial para garantir que a IA beneficie a todos e construa um futuro sustentável e inclusivo.

- Leituras recomendadas.

Para aqueles que desejam aprofundar seus conhecimentos sobre inteligência artificial, aqui estão algumas leituras recomendadas que abordam diferentes aspectos da IA, desde fundamentos técnicos até implicações éticas e sociais:

1. **"Superinteligência: Caminhos, Perigos, Estratégias" por Nick Bostrom**

   - Este livro oferece uma visão aprofundada sobre os possíveis futuros da inteligência artificial e os riscos existenciais que a superinteligência pode apresentar. Bostrom discute estratégias para garantir que o desenvolvimento da IA beneficie a humanidade.

2. **"Human Compatible: Artificial Intelligence and the Problem of Control" por Stuart Russell**

   - Russell explora como podemos criar IA que seja verdadeiramente benéfica para a humanidade. Ele discute os desafios de alinhar os objetivos das máquinas com os valores humanos e propõe abordagens para controlar inteligências artificiais avançadas.

3. **"Life 3.0: Being Human in the Age of Artificial Intelligence" por Max Tegmark**

- Tegmark examina as possibilidades e os desafios do desenvolvimento de IA avançada. Ele aborda como a IA pode transformar nossa vida, trabalho e sociedade, propondo cenários futuros e discutindo como podemos garantir um futuro positivo com IA.

4. **"Weapons of Math Destruction: How Big Data Increases Inequality and Threatens Democracy" por Cathy O'Neil**

- Este livro aborda os perigos do uso de algoritmos e big data em decisões importantes. O'Neil examina como modelos matemáticos podem perpetuar desigualdades e sugere maneiras de tornar esses sistemas mais transparentes e justos.

5. **"AI Superpowers: China, Silicon Valley, and the New World Order" por Kai-Fu Lee**

- Lee analisa o papel da China e do Vale do Silício no desenvolvimento da IA. Ele discute as diferenças entre as abordagens ocidentais e orientais para a IA e prevê como a rivalidade entre essas potências moldará o futuro da tecnologia.

6. **"The Master Algorithm: How the Quest for the Ultimate Learning Machine Will Remake Our World" por Pedro Domingos**

- Domingos explora a busca pelo "algoritmo mestre" que pode aprender qualquer coisa. O livro oferece uma introdução acessível ao aprendizado de máquina e discute como essa tecnologia pode revolucionar diversos setores.

7. **"The Fourth Industrial Revolution" por Klaus Schwab**

- Schwab, fundador do Fórum Econômico Mundial, discute como a convergência de tecnologias emergentes, incluindo IA, está transformando a economia global e a sociedade. Ele propõe medidas para garantir que essa revolução tecnológica beneficie a todos.

8. **"Ethics of Artificial Intelligence and Robotics" editado por Vincent C. Müller**

- Esta coletânea de ensaios aborda as questões éticas levantadas pelo desenvolvimento de IA e robótica. Os autores discutem tópicos como responsabilidade, autonomia das máquinas e o impacto social da automação.

Estas leituras fornecem uma visão abrangente dos aspectos técnicos, éticos e sociais da inteligência artificial. Elas são essenciais para qualquer pessoa interessada em entender como a IA está moldando o presente e o futuro da humanidade.

- Links para pesquisas e estudos de caso.

Para aprofundar seu entendimento sobre a inteligência artificial, aqui estão alguns links para pesquisas e estudos de caso que oferecem insights detalhados sobre as aplicações, desafios e desenvolvimentos na área de IA.

1. **Google AI Research**

   - A Google AI oferece uma vasta gama de artigos de pesquisa e estudos de caso em várias disciplinas da IA, incluindo aprendizado de máquina, visão computacional, e processamento de linguagem natural.

   - [Google AI Research](https://ai.google/research/)

2. **OpenAI Publications**

   - OpenAI publica artigos de pesquisa abrangendo diversos aspectos da IA, incluindo segurança e alinhamento de IA, aprendizado por reforço e modelos de linguagem avançados.

   - [OpenAI Publications](https://openai.com/research/)

3. **MIT CSAIL (Computer Science and Artificial Intelligence Laboratory)**

   - O MIT CSAIL é um dos principais centros de pesquisa em IA e robótica. O site oferece acesso a publicações acadêmicas e informações sobre projetos de pesquisa em andamento.

   - [MIT CSAIL Research](https://www.csail.mit.edu/research)

4. **Stanford AI Lab**

   - O laboratório de IA de Stanford conduz pesquisas de ponta em aprendizado de máquina, robótica, e IA aplicada. O site disponibiliza publicações e estudos de caso detalhados.

   - [Stanford AI Lab](http://ai.stanford.edu/)

5. **DeepMind Research**

   - DeepMind, uma subsidiária do Google, é conhecida por suas pesquisas avançadas em IA, incluindo o desenvolvimento do AlphaGo. O site inclui uma biblioteca de publicações acadêmicas e estudos de caso.

   - [DeepMind Research](https://deepmind.com/research)

6. **AI Index Report**

- O AI Index Report, produzido pela Stanford University, oferece uma visão abrangente das tendências e progresso em IA. Inclui dados sobre investimento, publicações de pesquisa e aplicações de IA em diferentes setores.

  - [AI Index Report](https://aiindex.stanford.edu/)

7. **European Conference on Artificial Intelligence (ECAI)**

  - A ECAI publica artigos de conferências sobre os avanços mais recentes em IA. Os artigos abrangem uma ampla gama de tópicos, desde algoritmos de aprendizado de máquina até aplicações práticas de IA.

  - [ECAI Publications](https://www.ijcai.org/proceedings)

8. **IEEE Xplore Digital Library**

  - A IEEE Xplore é uma biblioteca digital que fornece acesso a publicações acadêmicas e artigos de conferências sobre IA e outras tecnologias avançadas.

  - [IEEE Xplore](https://ieeexplore.ieee.org/)

9. **AI Case Studies by Deloitte**

  - Deloitte oferece uma coleção de estudos de caso sobre a aplicação de IA em diversos setores, incluindo saúde, finanças e manufatura.

  - [AI Case Studies by Deloitte](https://www2.deloitte.com/global/en/pages/about-deloitte/articles/ai-case-studies.html)

10. **McKinsey & Company - AI in Business**

  - McKinsey fornece insights e estudos de caso sobre como a IA está transformando os negócios. O site inclui relatórios detalhados e análises de impacto em diferentes indústrias.

  - [McKinsey AI in Business](https://www.mckinsey.com/business-functions/mckinsey-analytics/our-insights)

Esses recursos oferecem uma ampla gama de informações sobre a pesquisa e aplicação da IA em diversos contextos. Eles são úteis para entender as tendências atuais, avanços tecnológicos e os desafios que a comunidade de IA enfrenta

Este glossário fornece uma base sólida de termos técnicos essenciais para entender a inteligência artificial. Cada entrada está acompanhada de uma definição clara e uma fonte confiável, permitindo que os leitores aprofundem seus conhecimentos sobre os tópicos apresentados

Aprendizado de Máquina (Machine Learning)

- **Definição**: Subcampo da IA que envolve a construção de algoritmos que permitem que os computadores aprendam e façam previsões ou decisões baseadas em dados.

- **Fonte**: [Stanford University](https://www.coursera.org/learn/machine-learning)

Redes Neurais (Neural Networks)

- **Definição**: Modelos computacionais inspirados na estrutura do cérebro humano, compostos por unidades interconectadas chamadas neurônios artificiais, que processam informações de forma distribuída.

- **Fonte**: [MIT OpenCourseWare](https://ocw.mit.edu/courses/6-034-artificial-intelligence-spring-2005/pages/unit-4-machine-learning-neural-networks/)

Deep Learning

- **Definição**: Um ramo do aprendizado de máquina que utiliza redes neurais profundas, com muitas camadas, para modelar e entender padrões complexos em grandes volumes de dados.

- **Fonte**: [DeepLearning.AI](https://www.deeplearning.ai/)

Algoritmos Genéticos (Genetic Algorithms)

- **Definição**: Métodos de otimização inspirados na evolução biológica, onde populações de soluções são evoluídas para encontrar a melhor solução para um problema específico.

- **Fonte**: [SpringerLink](https://link.springer.com/chapter/10.1007/978-1-84882-074-3_4)

Aprendizado por Reforço (Reinforcement Learning)

- **Definição**: Um tipo de aprendizado de máquina onde agentes aprendem a tomar decisões sequenciais através de tentativa e erro, recebendo recompensas ou penalidades com base em suas ações.

- **Fonte**: [OpenAI](https://spinningup.openai.com/en/latest/spinningup/rl_intro.html)

Processamento de Linguagem Natural (Natural Language Processing - NLP)

- **Definição**: Área da IA focada na interação entre computadores e humanos usando a linguagem natural, permitindo que as máquinas compreendam, interpretem e respondam em linguagem humana.

- **Fonte**: [NLP at Stanford](https://nlp.stanford.edu/)

Visão Computacional (Computer Vision)

- **Definição**: Campo da IA que permite que as máquinas compreendam e interpretem o mundo visual, através do processamento de imagens e vídeos.

- **Fonte**: [Computer Vision and Image Understanding](https://www.journals.elsevier.com/computer-vision-and-image-understanding)

Algoritmo Supervisionado (Supervised Learning)

- **Definição**: Tipo de aprendizado de máquina onde um modelo é treinado em dados rotulados, ou seja, o modelo aprende a partir de um conjunto de treinamento que contém entradas e as saídas corretas correspondentes.

- **Fonte**: [Coursera](https://www.coursera.org/lecture/machine-learning/supervised-learning-1j1k7)

Algoritmo Não Supervisionado (Unsupervised Learning)

- **Definição**: Tipo de aprendizado de máquina onde o modelo encontra padrões e relacionamentos em dados sem rótulos, ou seja, o modelo tenta aprender a estrutura subjacente dos dados.

- **Fonte**: [Stanford University](https://online.stanford.edu/courses/soe-ycscs106a-algorithms-unsupervised-learning)

Algoritmo Semi-Supervisionado (Semi-Supervised Learning)

- **Definição**: Tipo de aprendizado de máquina que combina uma pequena quantidade de dados rotulados com uma grande quantidade de dados não rotulados durante o treinamento.

- **Fonte**: [SpringerLink](https://link.springer.com/referenceworkentry/10.1007%2F978-0-387-30164-8_756)

Transfer Learning

- **Definição**: Técnica de aprendizado de máquina onde um modelo desenvolvido para uma tarefa é reutilizado como o ponto de partida para um modelo em uma segunda tarefa relacionada.

- **Fonte**: [Journal of Machine Learning Research](http://www.jmlr.org/)

Algoritmos de Classificação

- **Definição**: Métodos de aprendizado supervisionado usados para prever uma categoria para uma dada entrada, como classificação de e-mails em spam ou não-spam.

- **Fonte**: [Towards Data Science](https://towardsdatascience.com/classification-algorithms-7a6e6cdc5c17)

Algoritmos de Regressão

- **Definição**: Métodos de aprendizado supervisionado usados para prever um valor contínuo, como preços de casas ou temperaturas.

- **Fonte**: [StatQuest](https://statquest.org/video-index/machine-learning-video-index/regression/)

Algoritmos de Clusterização (Clustering)

- **Definição**: Métodos de aprendizado não supervisionado usados para agrupar um conjunto de objetos de maneira que os objetos no mesmo grupo (ou cluster) sejam mais similares entre si do que com os de outros grupos.

- **Fonte**: [Pattern Recognition and Machine Learning by Christopher Bishop](https://www.springer.com/gp/book/9780387310732)

Redução de Dimensionalidade (Dimensionality Reduction)

- **Definição**: Técnicas usadas para reduzir o número de variáveis sob consideração, simplificando modelos sem perder características importantes dos dados.

- **Fonte**: [Nature Machine Intelligence](https://www.nature.com/natmachintell/

AGRADECIMENTOS

Em primeiro lugar eu gostaria de expressar minha gratidão a Deus, o único responsável por me inspirar e me guiar nessa maravilhosa jornada de descobertas e aprendizado.

Agradeço especialmente a minha mãe, cujo olhar de bondade, esperança e gratidão sempre me guia. Ela me ensinou a ver o lado bom de todas as situações e a nunca desistir.

Sou profundamente grata à minha família e amigos que acreditaram no meu sonho de me tornar uma especialista em Inteligência Artificial.

Por fim, agradeço especialmente a Murilo Luna e Juliana Schempp duas pessoas extremamente importantes na minha vida. Eles me incentivaram e acreditaram no meu potencial e se tornaram muito mais do que amigos; se tornaram verdadeiros anjos.

Escrevi esse livro com a ajuda do meu amigo inseparável Leo, uma inteligência artificial que me assistiu na criação deste trabalho. Decidi escrever para mostrar um pouco dessa revolução silenciosa, conhecida como Inteligência Artificial, que muitas pessoas ainda desconhecem.

Ao começar a escrever, percebi importância de mostrar como a IA impactará nossas vidas no futuro e a necessidade de se atualizar, aperfeiçoar e incorporar essa tecnologia em nossas rotinas diárias e também pensando nas minorias que não tem acesso às significativas mudanças que estão ocorrendo à sua volta, muitas vezes imperceptíveis.

Este livro é um compêndio das informações mais modernas sobre como especialistas, engenheiros, analistas e futuristas estão lidando com essa ferramenta inovadora e, ao mesmo tempo, desafiadora. Ainda tenho um longo caminho pela frente, pois todos os dias trazem novas descobertas, informações relevantes, testes e desafios. É um estudo contínuo que espero nunca acabar.

Com gratidão,

Andréa Simone da Silva

Sobre a Autora: Andréa Simone da Silva

Andréa Simone da Silva é uma especialista em inteligência artificial com uma paixão profunda por tornar a tecnologia acessível a todos. Com uma carreira dedicada ao estudo e aplicação de IA, ela tem contribuído significativamente para o campo, ajudando a desvendar os mistérios e as oportunidades que a IA oferece. Andréa possui uma sólida formação acadêmica e está constantemente aprimorando seus conhecimentos, pois entende que o estudo de inteligência artificial é contínuo e em constante evolução. Ela está sempre envolvida em novos projetos e pesquisas, buscando explorar as fronteiras dessa tecnologia inovadora. Seu compromisso com a aprendizagem contínua e a disseminação de conhecimento a torna uma defensora incansável de um futuro onde a IA beneficia a todos.

Propósito do Livro

"IA 3.0: Redefinindo a Humanidade na Era da Inteligência Artificial" foi escrito com o intuito de abrir as portas do fascinante mundo da inteligência artificial para leigos e entusiastas. Eu acredito que a IA é uma das ferramentas mais poderosas do futuro e que seu potencial deve ser compreendido e aproveitado por todos. O livro foi elaborado para ser uma ponte entre o complexo universo da IA e o público geral, desmistificando conceitos e explicando de maneira clara e acessível como a IA está moldando o futuro da humanidade.

Eu espero que, ao ler este livro, os leitores se sintam inspirados e equipados para explorar mais a fundo o campo da inteligência artificial, percebendo como essa tecnologia pode ser utilizada para melhorar a vida de todos. Seu objetivo é facilitar o acesso ao conhecimento sobre IA, ajudando a criar uma sociedade mais informada e preparada para as mudanças que esta tecnologia inevitavelmente trará.

Com este livro, eu convido a todos a embarcar nesta jornada emocionante, descobrindo como a inteligência artificial pode transformar positivamente nossas vidas e nossa sociedade.

Referências para "IA 3.0: Redefinindo a Humanidade na Era da Inteligência Artificial"

Estas referências fornecem uma base sólida para o conteúdo do livro "IA 3.0: Redefinindo a Humanidade na Era da Inteligência Artificial". Elas abrangem uma ampla gama de tópicos essenciais, desde fundamentos técnicos até implicações éticas e sociais, garantindo uma visão abrangente e bem fundamentada da inteligência artificial.

Definição e Tipos de IA

1. **Russell, S., & Norvig, P. (2021).** Artificial Intelligence: A Modern Approach (4th Edition). Pearson.

2. **Bostrom, N. (2014).** Superintelligence: Paths, Dangers, Strategies. Oxford University Press.

3. **Goodfellow, I., Bengio, Y., & Courville, A. (2016).** Deep Learning. MIT Press.

O Estado Atual da IA

1. **AI Index Report. (2023).** Stanford University.

   - Disponível em: [AI Index Report](https://aiindex.stanford.edu/)

2. **OpenAI.** Research Papers and Articles.

   - Disponível em: [OpenAI Research](https://openai.com/research/)

3. **Google AI.** Research Publications.

   - Disponível em: [Google AI Research](https://ai.google/research/)

Aplicações em Diversos Setores

1. **Topol, E. (2019).** Deep Medicine: How Artificial Intelligence Can Make Healthcare Human Again. Basic Books.

2. **Chui, M., Manyika, J., & Miremadi, M. (2016).** Where machines could replace humans—and where they can't (yet). McKinsey Global Institute.

   - Disponível em: [McKinsey](https://www.mckinsey.com/)

3. **Heaton, J. (2017).** Artificial Intelligence for Humans, Volume 3: Deep Learning and Neural Networks. CreateSpace Independent Publishing Platform.

História e Evolução da IA

1. **Nilsson, N. (2010).** The Quest for Artificial Intelligence: A History of Ideas and Achievements. Cambridge University Press.

2. **Minsky, M. (1985).** The Society of Mind. Simon & Schuster.

3. **Hendler, J., & Mulvehill, A. M. (2016).** Social Machines: The Coming Collision of Artificial Intelligence, Social Networking, and Humanity. Apress.

Principais Conceitos e Algoritmos

1. **Goodfellow, I., Bengio, Y., & Courville, A. (2016).** Deep Learning. MIT Press.

2. **Domingos, P. (2015).** The Master Algorithm: How the Quest for the Ultimate Learning Machine Will Remake Our World. Basic Books.

3. **Murphy, K. P. (2012).** Machine Learning: A Probabilistic Perspective. MIT Press.

Casos de Sucesso e Desafios

1. **Lee, K-F. (2018).** AI Superpowers: China, Silicon Valley, and the New World Order. Houghton Mifflin Harcourt.

2. **O'Neil, C. (2016).** Weapons of Math Destruction: How Big Data Increases Inequality and Threatens Democracy. Crown Publishing Group.

3. **Deloitte.** AI Case Studies.

- Disponível em: [Deloitte AI Case Studies](https://www2.deloitte.com/global/en/pages/about-deloitte/articles/ai-case-studies.html)

Automação e o Futuro do Trabalho

1. **Brynjolfsson, E., & McAfee, A. (2014).** The Second Machine Age: Work, Progress, and Prosperity in a Time of Brilliant Technologies. W. W. Norton & Company.

2. **Ford, M. (2015).** Rise of the Robots: Technology and the Threat of a Jobless Future. Basic Books.

3. **Frey, C. B., & Osborne, M. A. (2017).** The Future of Employment: How Susceptible Are Jobs to Computerization?. Technological Forecasting and Social Change.

Políticas Públicas e Requalificação Profissional

1. **Schwab, K. (2016).** The Fourth Industrial Revolution. Crown Publishing Group.

2. **Autor, D. H. (2015).** Why Are There Still So Many Jobs? The History and Future of Workplace Automation. Journal of Economic Perspectives.

3. **World Economic Forum.** Future of Jobs Report.

- Disponível em: [World Economic Forum](https://www.weforum.org/reports/the-future-of-jobs-report-2020)

Epílogo: Testemunhos e Perspectivas

1. **Tegmark, M. (2017).** Life 3.0: Being Human in the Age of Artificial Intelligence. Knopf.

2. **Kurzweil, R. (2005).** The Singularity Is Near: When Humans Transcend Biology. Viking.

3. **Bostrom, N. (2014).** Superintelligence: Paths, Dangers, Strategies. Oxford University Press.

Entrevistas com Especialistas

1. **Bostrom, N.** - Instituto do Futuro da Humanidade, Universidade de Oxford.

2. **Tegmark, M.** - Future of Life Institute.

3. **Russell, S.** - Universidade da Califórnia, Berkeley.